No caminho, no compasso

MARIANA MAGALHÃES COSTA

No caminho, no compasso

Guia de viagem para amantes de arquitetura

oficina

© Mariana Magalhães Costa, 2019
© Oficina Raquel, 2019

Editores
Raquel Menezes
Evelyn Rocha
Luis Maffei

Revisão
Oficina Raquel

Capa, projeto gráfico e tratamento de imagens
Leandro Collares

Foto da autora, na capa
Andre Nazareth

Ilustração da capa
Freepik – City Skyline

DADOS INTERNACIONAIS PARA
CATALOGAÇÃO NA PUBLICAÇÃO (CIP)

Costa, Mariana Magalhães. Guia de viagem para amantes de arquitetura. Mariana Magalhães Costa – Rio de Janeiro : Oficina Raquel, 2019.
176 p. 13 x 18.

ISBN 78-85-9500-042-1

1. Arquitetura 2. Urbanismo 3. Viagem

CDD
720

O
oficina

www.oficinaraquel.com.br
@oficinaeditora
oficina@oficinaraquel.com

Dedico esse livro aos meus pais,
ao meu irmão, meu marido
e aos amigos que percorreram
grandes distâncias comigo
para fazermos essas visitas.

Sumário

Apresentação 9

Museus

Sobre a arquitetura de museus 13
Arte e moda – Fondation Louis Vuitton e Fondazione Prada 14
Instituto Moreira Salles, Andrade Morettin Arquitetos | São Paulo 17
Inhotim | Brumadinho, Minas Gerais 21
Fundação Iberê Camargo, Álvaro Siza Vieira | Porto Alegre 30
Fundação Serralves, Álvaro Siza Vieira 37
Maxxi Museum, Zaha Hadid | Roma 43
A arquitetura espetacular da zona portuária da Antuérpia 48
Louvre Abu Dhabi, Jean Nouvel | Emirados Árabes Unidos 53
The Getty Center, Richard Meier | Los Angeles 57
Museu de Arte Kimbell, Louis Kahn | Fort Worth, Texas 66

Clássicos da Arquitetura

Salk Institute, Louis Kahn | La Jolla, California 73
A Ópera de Sydney | Jorn Utzon 80
Casa da Música, OMA | Porto 87
Biblioteket de Gunnar Asplund | Estocolmo, Suécia 95
"Skogskyrkogarden", o cemitério projetado por Gunnar Asplund
 | Estocolmo, Suécia 99
La Maison Carré, Alvar Aalto | Maison La Roche, Corbusier 108
O Convento de La Tourette | Le Corbusier 114

Cidades

Chandigarh e Brasília | Um mesmo gesto colonizador
em cantos opostos do mundo 123

Singapura | a cidade dentro de um jardim 131

Dubai – Arranha-céus no meio do deserto 137

A escala humana de Melbourne | Austrália 141

Atenas – A Acrópole e o museu de Bernard Tschumi | Grécia 146

A Acrópole e o museu de Bernard Tschumi | Grécia 149

Delfos e Meteora | Grécia 157

Viagem a Santorini | Grécia 162

Vinho e Arquitetura na Serra Gaúcha 168

Apresentação

Manuel Fiaschi

Em tempos de excesso de informação, de velocidade, de respostas instantâneas e de falta de atenção, surge um registro cuidadoso e sensível, fruto de explorações de obras de arquitetura, cidades e lugares: um guia para conduzir nosso olhar muitas vezes apressado.

O livro de Mariana desperta nossos sentidos para o que está diante de nós, costurando percursos, ângulos e pontos de vista, lembrando ao espectador que ele faz parte da obra e que, sujeito ativo, pode relacionar-se com os espaços de modo autoral, criativo e original.

No caminho, no compasso: guia de viagem para amantes de arquitetura nos coloca diante de uma questão: como treinar o olhar para absorver um edifício, um conjunto deles ou uma rua? Manuel Bandeira em seu *Guia de Ouro Preto*, de 1938, revelou uma cidade diferente, conduzindo o olhar dos leitores em suas andanças e, através delas, entrelaçando literatura, experiência, arte e atmosfera. Bruno Zevi dedicou-se também a essa tarefa em *Saber ver a arquitetura* (1948), inserindo a questão do tempo, que gera o percurso, como também fez Gordon Cullen, em resposta à hegemonia do movimento moderno simplificador, em seu *Paisagem urbana*, de 1961, mostrando que a visão serial e a experiência do espectador é múltipla e variada, e que importa o conjunto dos edifícios da cidade e a vida que os habita.

O momento hoje é mais propício, uma vez que a arte, desde a década de 1960, já se libertou da moldura e do pedestal, tendo se expandido para diversos suportes, entre eles o corpo, a paisagem, os muros e as ruas da cidade, como bem definiu Rosalind Krauss *A escultura no campo ampliado*, de 1979. Ainda assim, a arquitetura e o urbanismo são categorias de arte fortemente ligadas ao uso, ao cotidiano e à razão, tornando a sua percepção artística algo secundário.

Nas palavras de Mariana é possível entrar nessa complexa obra de arte e percebê-la atentamente em várias de suas camadas: a tecnologia construtiva, a relação com a paisagem, a materialidade, a sensação, a racionalidade do desenrolar dos espaços, a temperatura, as cores, as pausas e o tempo de percepção desses mais diversos aspectos, sem a pressa da rápida definição, catalogação ou solução, levando nosso olhar por um passeio.

A escrita e a escolha dos ângulos mostrados nas fotografias aqui impressas nos preparam, aguçando nossa percepção e criando o tempo necessário para a fruição e a experimentação sensorial das diversas arquiteturas, cidades, lugares e vivências trazidos nesta publicação – um presente para quem deseja uma vida mais plena, consciente e de aprendizado continuado e prazeroso.

Rio de Janeiro, julho de 2019.

Museus

Sobre a arquitetura de museus

Se há uma tipologia que adquiriu destaque, internacionalmente, nos últimos tempos, seria a arquitetura dos museus. Desde a construção do Guggenheim de Bilbao, no início dos anos 2000, ficou claro o potencial de atratividade turística dos museus. O efeito do Guggenheim sobre a cidade foi tão impactante, que ficou conhecido como o "efeito bilbao".

Bilbao é uma cidade no país Basco, no norte da Espanha, com uma população de, aproximadamente, 300 mil pessoas. Até o início do século 21, a urbe possuía uma economia majoritariamente industrial. A vinda do museu Guggenheim, com a sua fabulosa estrutura projetada pelo arquiteto Frank Gehry, trouxe os olhares do mundo inteiro, proporcionando uma revitalização na escala da cidade e atraiu milhares de turistas. Devido ao sucesso deste empreendimento, outros centros urbanos têm apostado na construção de museus para dar projeção à cidade. Casos semelhantes desde então foram o novo Louvre, em Lens, na França (projeto SANAA), e em Abu Dhabi (projeto de Jean Nouvel), o Centro Cultural da Galícia, em Santiago de Compostela (projeto Peter Eisenman) e, até mesmo, o recentemente inaugurado Museu do Amanhã, no Rio de Janeiro (projeto Santiago Calatrava).

O nome de Gehry ficou fortemente atrelado à arquitetura de espetáculo desde sua contribuição à Bilbao. Além de projetar prédios como o Walt Disney Symphony Hall, de Los Angeles, Gehry foi também convidado para projetar a Fondation Louis Vuitton, inaugurada em 2014, em Paris.

Arte e moda – Fondation Louis Vuitton e Fondazione Prada

A Fondation Louis Vuitton é um centro cultural criado pela marca de moda francesa homônima. Essa iniciativa faz parte de um crescente movimento em que grandes nomes do mundo da moda inauguram centros culturais próprios. O objetivo é aumentar a sua influência para outras artes, além da própria moda.

A Fondation Louis Vuitton está situada no 16º arrondissement, próximo ao parque *Bois de Boulogne*, em Paris. O edifício assume a forma de velas nas fachadas. No térreo, há um grande *hall* de entrada, um espaço voltado ao público que articula também um restaurante e a loja do museu.

Fondation Louis Vuitton, com intervenção colorida do artista Daniel Buren, na fachada.

A exposição se distribui por diferentes pisos, começando no subsolo e depois nos pavimentos superiores. Os últimos andares do edifício são terraços semiabertos que permitem a realização de eventos, além de oferecer vista para a paisagem do entorno. Esses espaços na cobertura permitem também a visualização do próprio prédio. As diversas reentrâncias oferecem múltiplos pontos de vista para uma contemplação do edifício.

Assim como no seu projeto para Bilbao, a Fundação LV se coloca em um limiar entre a arquitetura e a obra de arte. A construção não se detém apenas ao plano de fundo ou como uma moldura para as obras expostas – de tão belas, as formas do edifício sobressaem e competem pela atenção do visitante. Somos constantemente surpreendidos, ao longo do percurso, por salas que tomam formas inusitadas, aberturas laterais e zenitais, passarelas sinuosas e transição de materiais.

Há muita discussão sobre o papel da arquitetura e a sua influência sobre a curadoria do museu. Se a arquitetura deve interferir na apreciação das obras ou se deve permanecer neutra, como o sistema do cubo branco. Perguntamos ao curador do Guggenheim, de Nova Iorque, no #askacuratorday pelo twitter, se a arquitetura deveria permanecer simples, de modo a não ofuscar a arte em exposição. Como vemos na resposta abaixo, o curador Troy Conrad Therrien afirmou que cabe a curadoria encontrar este equilíbrio entre a obra de arte e a arquitetura.

Assim como a FLV, há outros exemplos de marcas que foram além da moda que inauguraram centros culturais próprios, como a 'Fondation Cartier', em Paris (projeto de Jean Nouvel), e a Fondazione Prada (projeto do OMA), inaugurada em Milão, em 2016. A decoração do café da Fondazione Prada ficou por conta do cineasta Wes Anderson, que trouxe a ambiência dos seus filmes e sua característica paleta de cores para o centro.

Tate Modern

Mas nem todas as cidades estão investindo na construção de novos museus. Em 2016, foi inaugurada a extensão do Tate Modern, um dos maiores museus de arte moderna e contemporânea do mundo. A sua sede foi projetada pelo escritório suíço Herzog e De Meuron, e reutiliza a estrutura de uma antiga fábrica na região de Southbank, em Londres. O projeto para a extensão manteve a mesma linguagem, preservando os tijolos marrons na fachada.

O museu desfruta de amplos espaços, o que permite a ocupação por obras de grande escala. Porém, a maior parte do acervo está distribuída por andares. A nova ala do museu assume uma forma piramidal e está organizada em 10 pavimentos. Em cada um, uma sala com uma temática diferente, reunindo trabalhos desde *performance art* até *land art*.

Instituto Moreira Salles, Andrade Morettin Arquitetos | São Paulo

Foi inaugurada, em setembro 2017, a nova sede do Instituto Moreira Salles, em São Paulo. O projeto foi produto de um concurso realizado em 2011, e sua construção durou quase 4 anos, com início em 2014. Assinado pelo escritório Andrade Morettin Arquitetos, o novo centro cultural é situado na avenida Paulista, um dos principais pontos turísticos e culturais da capital paulista.

O instituto visto da avenida

Edifício visto da avenida Paulista. Pele de vidro translúcido revela interior do edifício.

Os arquitetos destacam a "Maison de Verre", projeto de Pierre Chareau e Bernard Bijvoet, como uma de suas principais referências de projeto devido a uma solução que explora a transparência e a opacidade, dada no caso pelo tijolo de vidro. Aqui no IMS, o material empregado na fachada para dar este efeito é um vidro tipo U-Glass – um vidro com seção em U, autoportante, que permite a passagem de luz, mas preserva uma certa opacidade.

Ao se aproximar do edifício a partir da avenida, avistamos um prisma translúcido. A transparência difusa do vidro permite a visualização de um segundo volume por trás, de cor avermelhada, desprendido do invólucro do edifício. Trata-se dos espaços das galerias de exposição. Ou seja, da rua é possível avistar o contorno dos espaços expositivos. O contraste entre a pele de vidro e o volume das galerias é enfatizado não apenas pela cor e pelo afastamento da fachada, mas também por sua forma não ortogonal.

O edifício é suspenso do nível térreo. No centro desse espaço vazio, uma escada rolante nos convida a subir e adentrar o centro cultural. Ao fundo do terreno, encontramos um restaurante com uma magnífica parede de jardim vertical – quase um *pocket-garden* na avenida Paulista.

Escada rolante de acesso ao prédio e restaurante ao fundo.

Por dentro do edifício

Ao subir o primeiro lance de escadas rolantes, somos rodeados por altas estantes de livros e salas de estudo – essa é a biblioteca de fotografia, que possui capacidade para abrigar até 30 mil itens.

Subindo mais um lance da escada rolante (dessa vez a escada vence um pé-direito duplo), chegamos ao pavimento intermediário, entre a biblioteca e as exposições. Um pavimento que reúne características de praça pelo piso de pedra portuguesa, pelos bancos para o descanso e por trazer usos como o café, a livraria, banheiros e chapelaria. É nesse local que também encontramos a varanda, já avistada da rua. Dela, podemos ver uma bela vista do centro de São Paulo.

Há também uma varanda semelhante na fachada dos fundos. O guarda corpo é todo de vidro transparente, com um corrimão metálico na parte interna. Uma solução bastante limpa e elegante, que é repetida também nas escadas do projeto.

Detalhe do guarda corpo de vidro e corrimão metálico.

Elevador e porta de acesso à sala expositiva.

Aos que seguem para as salas de exposição nos pavimentos superiores, existem duas opções de circulação: o elevador, numa caixa de concreto aparente, ou uma escada aberta, com tábuas de madeira no piso.

Em contraponto à estrutura cinza (metálica e de concreto), o piso de madeira traz um calor aos espaços de circulação e de exposição.

O instituto conta com três salas de exposição independentes. Apesar das portas de vidro, que permitem a visualização da exposição antes de adentrar a sala, esses espaços herméticos permitem o controle total da luz e da temperatura para o melhor aproveitamento por parte da curadoria. O sistema de iluminação em trilhos oferece versatilidade e flexibilidade ao espaço expositivo.

Por outro lado, o espaço de circulação é predominantemente iluminado pela luz natural – tanto por aquela que entra pela fachada, quanto pela claraboia. O recuo do volume das salas de exposição deixa um intervalo na cobertura, uma fresta de alguns metros que é encerrada por uma pele de vidro. Esse afastamento permite a visualização das diferentes camadas que compõem o edifício; o envelope, responsável pela entrada de luz e controle térmico; a estrutura metálica, responsável pela sustentação do edifício; e o espaço expositivo, o coração do edifício.

Intervalo entre fachada e limite das salas de exposição, com claraboia na cobertura.

Inhotim | Brumadinho, Minas Gerais

Inaugurado ao grande público em 2006, o Centro Cultural Inhotim já foi destacado como um dos 25 melhores museus do mundo pelo prêmio *Travelers' Choice* 2014, promovido pelo *TripAdvisor*. Agregando um importante acervo de arte moderna e contemporânea, o museu conta com obras de artistas como Adriana Varejão, Yayoi Kusama, Olafur Eliasson, Miguel Rio Branco, Hélio Oiticica, Lygia Clark e muitos outros.

Situado em Brumadinho, um município de 35 mil habitantes, o museu fica a, aproximadamente, 50 km da capital do estado de Minas Gerais, Belo Horizonte. A localização afastada já requer uma viagem até lá, um ato de peregrinação em busca da arte. A viagem, portanto, é um período de transição, de preparação. A sensação ao chegar lá é de que se adentra em um lugar realmente especial, quase sagrado, e longamente aguardado.

A beleza de Inhotim jaz sobre três instâncias – paisagística, artística e arquitetônica. O local em si é belíssimo – os diferentes percursos proporcionam belos e aconchegantes pontos de descanso, meditação e contemplação da paisagem. Os caminhos são pontuados por grandes obras de arte e por pequenas construções

Paisagismo em Inhotim

– pavilhões que reúnem obras de artistas convidados. Estas edificações tiram proveito de sua pequena escala e liberdade criativa para oferecer soluções inovadoras de design e arquitetura.

Paisagismo

Não passa despercebida a beleza do mobiliário assinado por Hugo França. São 98 exemplares espalhados pelo jardim. O designer passou 15 anos vivendo em Trancoso, na Bahia, onde descobriu o pequi-vinagreiro, uma árvore comum na Mata Atlântica baiana, mas pouco utilizada na marcenaria devido às suas irregularidades. A partir de raízes desenterradas, troncos ocos e galhos dessas árvores, França desenvolveu um novo tipo de mobiliário, extremamente único e contundente.

Mobiliário desenhado por Hugo França.

Arte

A obra intitulada "O Jardim de Narciso" (2009), da artista japonesa Yayoi Kusama, traz esferas metálicas que ocasionam o encontro do indivíduo consigo mesmo. A obra evoca o mito de Narciso, que se encanta com a própria imagem projetada na água e, ao tentar resgatá-la, afoga-se no lago. Apesar do símbolo principal da obra ser o espelho convexo, a obra é uma conjunção deste elemento com o entorno, cuja composição muito se assemelha à dos jardins japoneses. A organização e aparência das bolas variam de acordo com o vento, com a luz e demais fatores externos, o que aumenta a percepção de influência da natureza. A obra, portanto, proporciona um momento de dupla contemplação: a interiorização e a consciência do que está ao redor.

"O jardim secreto de Narciso", *de Yayoi Kusama*

HÉLIO OITICICA, MAGIC SQUARE #5 (1977) A tradução do termo em inglês *square* traz dois significados diferentes – a praça e a forma do quadrado. Na obra, Oiticica se utiliza de ambos os conceitos. Ela faz parte de uma série de seis obras intituladas "Penetráveis", todas construídas após a morte do artista. Nessa obra, o seu trabalho consistiu na produção de desenhos técnicos, diagramas e amostras que explicavam com detalhes a construção dos módulos. O resultado é um espaço de convívio e permanência, onde a cor se manifesta de forma retumbante e eloquente. Um estudo sobre a ocupação do espaço, a influência da cor numa escala ambiental e a sua relação com o entorno. Essa obra é coerente com o princípio que Oiticica defendia em suas obras, aquele de aproximar a arte e a vida, algo que também encontramos na galeria "Cosmococas". Lá, através de uma série de ambientes, o público tem a oportunidade de interagir com a obra de arte e o espaço – seja mergulhando numa piscina, deitando na rede ou simplesmente lixando a unha.

"Magic square #5", de Hélio Oiticica.

CILDO MEIRELLES – "INMENSA" (1982-2002) Escultura em aço cortén. A obra explora diferentes escalas de um mesmo elemento, explorando relações espaciais alternadas da escultura com o contexto e dos componentes entre si. Formas geométricas cujo arranjo faz referência a conceitos externos à obra. O próprio título já indica isso visto que o termo "in mensa" significa na/sobre a mesa, em latim. É interessante observar que a obra também propõe uma inversão de lógica, visto que os elementos menores sustentam os maiores. Esse gesto pode ser interpretado como uma metáfora para as estruturas políticas e econômicas da sociedade.

"Inmensa",
de Cildo Meirelles.

AMÍLCAR DE CASTRO – "GIGANTE DOBRADA" (2001) Escultura em aço cortén traz uma figura geométrica que se fecha em si mesma. Nesse movimento, uma única placa gera a distinta percepção entre o dentro e o fora, entre o interior e exterior. Um elemento bidimensional rompe as suas barreiras físicas e estabelece propriedades de espacialidade.

"Gigante dobrada",
de Amílcar de Castro.

OLAFUR ELIASSON – "VIEWING MACHINE" (2001) O artista dinamarquês Olafur Eliasson é conhecido pelo seu trabalho de pesquisa de luz, forma, cor e reflexos. Na sua obra "Viewing machine", o artista criou um caleidoscópio com o qual podemos ver a vista. Através deste instrumento, vemos a paisagem de Brumadinho com outros olhos, apreciando novos ângulos e distorções.

*"Viewing machine",
de Olafur Eliasson.*

CHRIS BURDEN – "BEAM DROP" (2008) Obra *site specific* (feita para o local) na qual gigantescas vigas de aço foram lançadas em um buraco preenchido por concreto no estado fresco. Após a performance e o período de cura, as vigas permaneceram como uma grande escultura.

*"Beam drop",
de Chris Burden.*

"TROCA-TROCA" – JARBAS LOPES (2002) Três fuscas coloridos, com a lataria permutada entre si, percorreram, em 2002, um trajeto saindo do Rio de Janeiro e chegando até Curitiba. No caminho, foram juntando histórias, experiências e memórias. Em 2007, os fuscas voltaram a pegar a estrada – desta vez de Belo Horizonte a Brumadinho. Além da descontração e coletividade pela troca das peças dos automóveis entre si, o fato de os carrinhos estarem estacionados, porém com a permanente possibilidade de sair para a estrada novamente, dão a obra um caráter transitório, inconstante, inquieto, efêmero e lúdico.

*"Troca-troca",
de Jarbas Lopes.*

Arquitetura

GALERIA TRUE ROUGE – TUNGA O mineiro Paulo Orsini assina o projeto da Galeria True Rouge, o primeiro pavilhão a ser construído em Inhotim. O pavilhão abriga a belíssima obra "True Rouge" (1997), de Tunga. O projeto explora as premissas do movimento moderno; a *promenade architecturale* pela passarela sinuosa de acesso; o pilotis da varanda, gerando um abrigo e ambiente de estar do lado de fora da galeria; o espelho d'água que proporciona um afastamento do objeto para que ele possa ser avistado a distância; e a fachada livre, que permite uma visualização da obra de Tunga a partir do exterior graças à transparência do vidro.

Pavilhão da artista Adriana Varejão

PAVILHÃO ADRIANA VAREJÃO Projetado por Rodrigo Cerviño Lopez, o pavilhão contendo as obras da artista Adriana Varejão tornou-se um dos grandes símbolos de Inhotim. O objeto morde o terreno em aclive, enterrando-se parcialmente enquanto outra parte permanece suspensa, em balanço. É através deste vazio sob o edifício que é realizado o acesso à galeria. A circulação interior não é feita por corredores – ela é direcionada pelas aberturas e continuações dos próprios espaços. O percurso livre oferece ao visitante uma multiplicidade de pontos de vista sobre o prédio e as obras em exposição. Um passeio que se inicia no espaço externo, pelo caminho de acesso sobre o espelho d'água, passando por dentro dos espaços expositivos e terminando, enfim, num terraço na cobertura.

O centro cultural é bastante inovador em termos da renovação do seu acervo. Há obras *site specific* que são permanentes, porém, muitas das galerias renovam o seu acervo e, de tempos em tempos, um novo pavilhão ou obra de arte são construídos no local. A mais recente delas é a Galeria Claudia Andujar, inaugurada em 2015.

Inhotim proporciona simultaneamente ao visitante um deslumbramento intelectual e um momento de descanso. Ao retornar à civilização e à correria da rotina, estamos leves, sentindo uma profunda paz de espírito. Ao sair de Inhotim, a vontade é de voltar ainda muitas vezes.

Fundação Iberê Camargo, Álvaro Siza Vieira | Porto Alegre

Um dos mais valiosos aprendizados que eu tirei do meu período de estudo, em Lisboa, foi a importância do percurso na arquitetura. Aprendi a projetar considerando cada ângulo, cada perspectiva, cada ponto de vista no espaço. Este recurso é desenvolvido com maestria no projeto de Álvaro Siza Vieira para a Fundação Iberê Camargo, em Porto Alegre.

Fundação Iberê Camargo vista da calçada

Inaugurada em 2008, a Fundação foi a primeira obra do arquiteto português para a América do Sul. A oportunidade de conhecer o projeto surgiu em 2014, quando eu estava de passagem pela cidade. Tiramos uma tarde para ir ao museu e fiz questão de percorrer cada canto minuciosamente, sem deixar qualquer detalhe passar despercebido.

A Fundação fica de frente ao Rio Guaíba, no bairro de Cristal, cerca de oito km de distância do centro da cidade. Não há construções em volta – o terreno é conformado por uma encosta ao fundo e a avenida Padre Cacique a sua frente. Esta avenida é praticamente uma via expressa então, para quem vem de carro ou taxi, o desembarque deve ser feito no subsolo. Este movimento de descida gera, portanto, dois momentos distintos de visualização da obra. Num primeiro momento de aproximação, avistamos o museu na velocidade do carro – um elemento solitário e icônico na paisagem, com uma materialidade branca que brilha intensamente sob a luz do sol.

O segundo momento é durante a ascensão, subindo a escada do estacionamento para a calçada. A cada degrau, a obra emerge um pouco mais. Vemos o objeto por baixo, de um ponto de vista que jamais teríamos se não fossemos obrigados a fazer esse pequeno desvio. A passagem pelo estacionamento oferece um pequeno intervalo. O visitante desce para voltar a subir.

Subindo do estacionamento da Fundação Iberê Camargo.

Se aproximando do museu

Há prédios que se parecem com outros. A forma incomum deste edifício faz com que seja difícil de associá-lo a outro objeto. Sua morfologia não faz alusão a algo alheio a ela – ela é simplesmente o resultado da disposição dos seus próprios espaços, um "negativo" dos seus percursos internos. Os braços que se desprendem da fachada são as rampas que ligam um pavimento ao outro. Ou seja, a própria espacialidade do museu é determinante para a sua morfologia.

Estes braços avançam sobre a entrada principal, criando uma segunda fachada por trás. Neste movimento, estes elementos suspensos geram um vazio que se assemelha a uma rotunda descoberta. Com isso, verificamos a presença de uma espécie de vestíbulo que abraça o visitante. Este espaço propicia o ato de parar e olhar para cima, um momento de reflexão antes de entrar em contato com a arte. Assim como o objeto se fecha em si mesmo, nós também somos convidados a um movimento de contemplação e interiorização antes de adentrar o museu.

Segunda fachada.
A forma do edifício é um
negativo dos percursos internos.

Apesar da imensa esquadria de vidro na entrada, o *hall* de entrada é relativamente escuro. Isso ocorre devido ao pé-direito baixo neste ponto. Mais uma vez, Siza trabalha as transições através da diferença no pé-direito para criar diferentes ambientes. Do vazio encerrado do lado de fora, entramos em um espaço baixo para então nos surpreendermos com o magnífico pé-direito da sala geral de exposição – um vão que atravessa todos os pavimentos do museu e permite a visualização de todas as salas de uma só vez.

Entre um ambiente e outro não há corredores. Você atravessa por dentro de uma sala para chegar à seguinte e a ausência de paredes permite que você veja o que te espera a seguir. O único momento de encerramento é na subida de um pavimento para o outro. Ao contrário do que costumamos ver em outros exemplos de circulação vertical, as rampas aqui não seguem paralelas entre si – cada uma tem o seu próprio percurso, o que gera as emblemáticas e inusitadas formas da fachada. O contraste entre a amplitude das salas e o confinamento destas circulações tornam estes locais interessantes para uma exposição mais intimista. Dependendo da curadoria, as rampas podem se tornar um espaço expositivo alternativo.

Vão que atravessa os pavimentos expositivos.

De uma sala é possível visualizar as obras da sala seguinte.

Dentro do vão, circulações semiabertas. Espaços de circulação sinuosos contrastam com o desenho ortogonal dos ambientes expositivos.

Corredores em rampa entre pavimentos oferecem espaços de exposição mais intimistas.

Como sempre, as obras de Siza são pontuadas por detalhes. Aqui não é exceção. As rampas herméticas e ensimesmadas oferecem momentos de abertura através de claraboias ou janelas de formas curvas e orgânicas. Tais aberturas atribuem um tom lúdico a visitação. Em meio à seriedade da exposição, um momento para olhar para fora e ver o céu, a luz do sol, o rio. Um escape ao peso que a própria arte de Iberê Camargo carrega por característica.

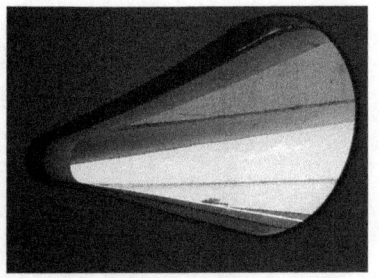

Esta foi para mim uma visita inesquecível. Não foi a primeira obra de Siza em que estive, mas esta é sempre uma experiência muito sensível. Ao contrário de grande parte da produção contemporânea, sempre muito preocupada com a imagem, a arquitetura de Siza deve ser apreciada de modo multissensorial, através de múltiplos sentidos; a audição, o tato, a visão... Cada encontro de materiais, cada detalhe de desenho é extremamente rico e bem pensado. Para mim, a arquitetura do Siza é poesia construída.

Fundação Serralves, Álvaro Siza Vieira

A Fundação Serralves é um projeto anterior ao Museu Iberê Camargo em Porto Alegre. Localizada no Porto, a Fundação é parada obrigatória para quem estiver visitando a cidade.

Arquitetura de museu: Fundação Serralves.

A Fundação Serralves está localizada em um terreno com uma área de 18 hectares e abriga, além do museu de arte contemporânea, os jardins e a antiga casa da família do Conde de Vizela. A casa foi projetada entre 1925 e 1944 e trata-se de um dos principais ícones no estilo art déco em Portugal. Sua importância é tamanha que foi classificada como um imóvel de interesse público em 1996. Já o jardim foi crescendo gradativamente ao longo das décadas, através da aquisição de terrenos vizinhos, e tornou-se também uma referência de patrimônio da paisagem portuguesa. A casa e o jardim foram abertos oficialmente ao público em 1987, embora a Fundação, uma colaboração entre o Estado e a sociedade civil, tenha sido criada apenas em 1989.

Arquitetura Portuguesa: Casa do Conde de Vizela (ao fundo) é exemplar do art déco.

Arquitetura e paisagem: espelhos d'água no jardim Serralves.

Árvore envolvida pelo museu, avistada do corredor que leva à bilheteria.

O museu de arte contemporânea foi construído após a criação da Fundação – o projeto assinado por Siza foi iniciado em 1991 e o museu inaugurado em 1999.

Basicamente, podemos afirmar que a Fundação possui três tipologias de espaço para receber exposições: a residência art déco, o museu de arte contemporânea e o próprio jardim. Enquanto a casa possui ambientes menores com muitas paredes, o museu de arte contemporânea desfruta de pés direitos mais altos e espaços mais amplos. Já o jardim permite a instalação de obras de grande escala, como foi o caso da recente exposição do artista indiano Anish Kapoor, que esteve em cartaz entre julho de 2018 e fevereiro de 2019.

Anish Kapoor: instalação no Jardim Serralves.

O acesso à Fundação é feito por um pequeno portão na Rua Dom João de Castro. Um caminho à direita, coberto e aberto na lateral, direciona o visitante à entrada do museu de arte contemporânea, onde encontramos a bilheteria, uma lojinha, os banheiros, bengaleiro e um grande hall que distribui os visitantes entre os espaços expositivos, divididos por dois pavimentos.

Ponto de vista do observador: a perspectiva do corredor que leva à entrada do museu.

Espaço de descanso no hall. Todos os traços do projeto coexistem em harmonia, desde o revestimento da parede até a janela e o desenho do teto.

Nas salas de exposição, as obras de arte saltam aos olhos do visitante, dada a composição branca e a iluminação uniforme. Mas longe de serem espaços monótonos, as salas possuem ligações diretas umas com as outras, dispensando a necessidade de corredores e proporcionando ângulos inusitados ao longo do percurso, além de belas perspectivas para o jardim. Esse desenho torna o percurso expositivo sempre surpreendente.

Fundação Serralves, Álvaro Siza Vieira

*Sala de exposição.
Iluminação difusa e indireta
vem do teto.*

*Ângulos inusitados
surpreendem ao longo do
percurso. Piso de madeira
estabelece um contraste com
a cor branca da parede.
O branco salta aos olhos e
traz o nosso olhar para as
obras em exposição.*

*Porta para varanda rompe
com a ortogonalidade da sala
e traz o jardim para o espaço
de exposição.*

Do segundo andar, temos acesso à biblioteca, que possui um belíssimo pé-direito duplo. No subsolo, há ainda um café. Apesar da diversidade dos usos, todos os espaços possuem o mesmo tratamento material – pedra tipo mármore à meia altura e paredes pintadas na cor branca. A iluminação é sempre indireta e difusa, com as lâmpadas conciliada pelo desenho do teto. Todas as linhas do projeto estão em harmonia, nada sobra e nada falta.

Iluminação sobre o hall que distribui os percursos do museu.

O jardim abarca diferentes estilos de paisagismo. Composto por cerca de 230 diferentes espécies de vegetação, encontramos, desde um bosque mais denso, até grandes eixos delimitados por árvores em ambos os lados do passeio. Há ainda lagos e gramados propícios à instalação de esculturas temporárias, ou mesmo algumas permanentes, que já fazem parte do acervo.

Instalação "Sky Mirror", de Anish Kapoor.

Maxxi Museum, Zaha Hadid | Roma

Roma é uma cidade histórica, repleta de sítios arqueológicos que tornam o convívio com o passado uma parte do cotidiano. A capital italiana é tão preservada que qualquer intervenção urbana tem que ser profundamente estudada para não gerar conflito com o patrimônio existente. Nesse contexto, surge o Maxxi Museum.

Em 1990, foi lançado o concurso de arquitetura para o Maxxi e o projeto da iraquiana Zaha Hadid foi o vencedor entre as 273 propostas apresentadas. Sua inauguração, em 2010, foi um marco na história recente da Itália, visto que um museu de arte contemporânea não era construído havia décadas.

Localizado no Flaminio, um bairro mais afastado do centro, o lote cedido para a construção atravessa a quadra e possui mais de 100 metros de profundidade. A solução proposta por Zaha tira partido disso e se desdobra à medida que adentra o terreno – da rua não conseguimos visualizar o museu em sua totalidade.

Da rua não avistamos o museu em sua totalidade

Quem caminha pela via Guido Reni nem imagina que encontrará um edifício tão espetacular a poucos metros de distância. A fachada voltada para a rua preserva o estilo e as proporções das construções do entorno. Um segundo volume longilíneo parece que morde esse primeiro prédio e então avança para o fundo do terreno. Cria-se então uma dualidade entre o clássico e o contemporâneo, entre o antigo e o novo.

Balanços horizontais e colunas esbeltas.

Enquanto o prédio da frente leva uma pintura na cor branca, o volume de trás é inteiramente em concreto aparente, composto pelos volumes em balanço e linhas curvas, características da arquitetura de Hadid. A horizontalidade desses pesados volumes é contraposta por colunas esbeltas e inclinadas e por grandes panos de vidro na fachada.

O afastamento da divisa lateral cria uma grande praça que permite a visualização do prédio a distância. Os mesmos traços curvos e assimétricos são preservados no desenho paisagístico. Essa linguagem do exterior adentra o prédio, criando uma fluidez entre o dentro e o fora.

Maxxi Museum, Zaha Hadid

No interior, os espaços são emoldurados pelo desenho eloquente de Zaha Hadid. As linhas curvas que já vimos do lado de fora conformam os espaços, desenham as vigas, os fluxos, as escadas, a mobiliário, a iluminação... Caminhar pelo projeto é acompanhar essa transformação ao longo do percurso. É observar a explosão e sobreposição das diferentes camadas do desenho em um mesmo espaço.

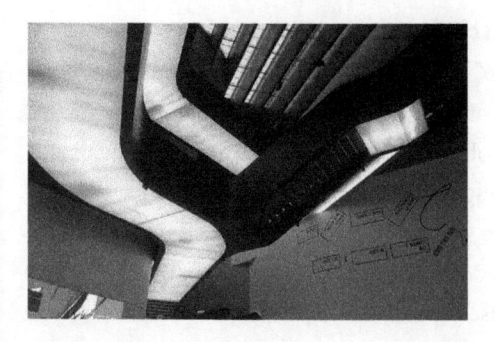

Escadas, passarelas e vigas surgem de um mesmo traço e caracterizam o projeto.

Dentro do conceito de continuidade, o percurso da exposição se desenvolve de forma linear. Você sai de uma galeria diretamente para a outra. Em muitos momentos, as escadas e a circulação estão dentro dos próprios espaços expositivos. Apesar dessa ininterrupção, há uma diferenciação nas tipologias das salas através de iluminação, materialidade, pé-direito e larguras, tornando cada ambiente propício a receber determinado tipo de exposição.

Galerias de exposição do museu. Paredes por vezes inclinadas e fluxo contínuo.

Sobre o desconstrutivismo

O termo "desconstrutivismo" surgiu na década de 1980 como um conceito desenvolvido pelo filósofo Jacques Derrida. Seu desdobramento na arquitetura, teorizado por Colin Rowe e Peter Eisenman, explora simultaneamente a colagem de fragmentos através da assimetria geométrica (que tem como referência o construtivismo russo) e a funcionalidade provinda do movimento moderno. A arquitetura de Zaha Hadid se enquadra nesse movimento desconstrutivista. Seus projetos surgem de um universo abstrato, representado por ela mesma em pinturas que datam do início de sua carreira.

Prêmios e reconhecimento

A importância do seu projeto de arquitetura lhe rendeu o reconhecimento do Prêmio Stirling do Instituto Real de Arquitetos Britânicos (RIBA Stirling Prize) em 2010. O museu ainda conta com um impressionante acervo de arte e arquitetura, com exemplares de Sol Lewitt e arquivos de Carlo Scarpa e Pier Luigi Nervi. Mais do que um centro cultural deslumbrante e inovador, o Maxxi Museum demarcou um momento histórico para a arte e a arquitetura italiana.

A arquitetura espetacular da zona portuária da Antuérpia

Trago aqui um relato sobre a minha visita à Antuérpia, a capital de Flandres, região flamenca no norte da Bélgica. Com uma população urbana de pouco mais de 500 mil habitantes, a cidade cresceu e se desenvolveu em grande parte graças à indústria de lapidação de diamantes e ao seu porto. As atividades portuárias foram estabelecidas durante a Idade Média e permaneceram desde então. Hoje, a sua importância permanece a ponto de este ser considerado o segundo maior porto da Europa e um dos principais do mundo.

Prevendo a sua expansão nos próximos anos, uma parte das atividades portuárias foi deslocada para o norte da cidade, o que ocasionou em um esvaziamento da zona portuária original. Com o objetivo de revitalizar o local, foram estabelecidos incentivos para a construção de empreendimentos que trariam novos usos para a área, como prédios residenciais e edifícios multiuso, conciliando hotéis, comércio e residências, além de museus.

O Porto da Antuérpia e o restante da cidade ao fundo, vistos da cobertura do MAS

Seguindo uma tendência mundial de investimento em arquitetura do espetáculo para fomentar o turismo, foi realizado em 2008 um concurso para a nova sede administrativa do porto da Antuérpia. Entre as exigências, a nova sede deveria ser construída sobre a antiga estação de bombeiros, cujo prédio deveria ser preservado. A proposta vencedora foi a da arquiteta Zaha Hadid, considerada a mais criativa entre as inscritas. A intervenção de Zaha é como uma nave que pousa sobre o edifício original e aponta para o centro da cidade, onde a mesma foi originada.

Projeto de Zaha Hadid para a nova sede administrativa do Porto da Antuérpia aponta para o centro histórico da cidade.

Não muito distante dali, pouco mais ao sul, temos o Museum aan de Stroom, o MAS, projeto do escritório holandês Neutelings Riedijk Architects. Inaugurado em 2011, trata-se do maior museu da cidade e reúne acervos pertencentes aos antigos museus etnográficos e marítimos. O museu conta a história da Antuérpia, do seu porto e as atividades de troca com outras nações. É um museu interativo com muitas curiosidades para as crianças.

Arquitetura de museus – Projeto arquitetônico de museu é assinado pelo Neutelings Riedijk Architects

Arquitetura de museus – Projeto arquitetônico de museu coloca a circulação na fachada e salas no interior do edifício

O museu foi pensado estrategicamente como uma ponte entre o centro histórico e o porto. As atividades marítimas e portuárias serviram como inspiração e foram elementos norteadores do projeto. Um exemplo disso é a esquadria curva empregada na fachada. O ritmo do vidro faz alusão às ondas do rio Scheldt.

A circulação vertical do edifício é feita através de escadas rolantes, que circundam o museu ao longo das suas quatro fachadas. O hall de cada pavimento possui sempre um pé-direito duplo. Essa alternância de pé-direito torna-se evidente na fachada, o que resulta em um jogo de contraposição e encaixe, variando entre transparência e opacidade.

A arquitetura espetacular da zona portuária da Antuérpia 51

Vidro curvo na fachada

Circulação vertical feita por escadas rolantes

Continuidade – o mesmo material é aplicado nas paredes e nos tetos

O revestimento das fachadas é composto por placas de arenito avermelhado. O mesmo material é empregado nos pisos, paredes e tetos dos espaços comuns e de circulação, o que traz uma continuidade entre o espaço externo e interno, assim como entre as diferentes superfícies. É como se a praça adentrasse o museu e se fundisse com as paredes e o teto.

Os espaços expositivos ficam protegidos no núcleo do edifício, o que permite o controle da iluminação e da temperatura artificialmente. As salas de exposição são separadas por pavimentos, desconectadas entre si. Para ir de uma para a outra, o visitante é obrigado a retornar ao espaço de circulação comum do edifício, onde desfrutamos da iluminação natural e de um belo panorama sobre a cidade. Todas as fachadas do edifício recebem o mesmo tratamento; assim, a cada andar que se sobe, avista-se um ponto de vista diferente. Na cobertura, é possível avistar a cidade a 360 graus. Além das exposições, o museu inclui um restaurante no penúltimo andar e um café no térreo.

Quase 8 anos após a inauguração do museu, o bairro continua em obras. Isso nos faz questionar até que ponto o investimento na arquitetura por si só consegue provocar uma transformação na escala do bairro.

Louvre Abu Dhabi, Jean Nouvel | Emirados Árabes Unidos

O Louvre de Abu Dhabi é a primeira filial do renomado museu fora da França. Além do museu de Paris, há ainda o Louvre em Lens, um projeto do escritório japonês SANAA, que fica numa pequena cidade a uma hora da Cidade-Luz. O projeto de Abu Dhabi leva a assinatura do francês Jean Nouvel.

Abu Dhabi é o maior dos sete emirados dos Emirados Árabes Unidos. Apesar de Dubai ter se tornado mais conhecida internacionalmente, Abu Dhabi é considerada uma cidade mais rica e mais influente politicamente. Além disso, ela está começando a investir em importantes monumentos para também atrair mais turistas. Algumas das principais atrações além do Louvre são o parque Ferrari World e a mesquita Sheikh Zayed.

Mesquita Sheikh Zayed

O Louvre fica na ilha artificial de Saadiyat (cuja tradução seria "ilha da felicidade"), uma espécie de ilha dos museus que receberá futuramente também uma filial do Guggenheim – um projeto do arquiteto canadense Frank Gehry – e o Museu Nacional Zayed, do arquiteto britânico Norman Foster.

O Louvre visto de fora

O elemento que predomina no projeto de Nouvel é a imensa cobertura metálica autoportante. Apesar de pesar mais de sete mil toneladas, para quem olha de fora a estrutura parece flutuar. O domo possui um diâmetro de 180 metros e é composto por 8 camadas de estrutura em formato de estrelas. A sobreposição dessas camadas perfuradas permite a passagem filtrada de feixes de luz. O efeito gerado leva o nome de "chuva de luz". O arquiteto diz que se inspirou nas folhas das palmeiras de Abu Dhabi, mas me lembrei mais das treliças e muxarabis, típicos da arquitetura árabe. Independente de qual seja a referência, esse é sem dúvida o elemento mais bonito do projeto.

Além de sua beleza, essa solução gera uma sombra que protege simultaneamente os visitantes e o acervo do museu. A cobertura cobre parte dos 55 prédios independentes, 23 dos quais são apenas galerias. Além do museu principal, há ainda um auditório, um museu infantil e um centro de pesquisas. A composição em blocos baixos, brancos e independentes lembra a organização das medinas, centros históricos das cidades árabes, formados por um sistema labiríntico de estreitas vielas. Embora as 23 galerias estejam interligadas por um percurso único contínuo, as salas de exposição contam com aberturas zenitais e grandes janelas que permitem a entrada de luz natural e a observação da arquitetura do museu. No final do percurso expositivo, saímos para a imensa praça coberta pelo domo.

Outro elemento bem explorado no projeto é o espelho d'água. Além de duplicar o desenho da belíssima cobertura, ele ajuda a esfriar levemente a temperatura no local.

O projeto de Jean Nouvel resgata elementos tradicionais da arquitetura árabe (a geometria, a horizontalidade, a chuva de luz, a água e o pátio) e combina-os com um desenho, materiais e tecnologia contemporâneos. O resultado é ao mesmo tempo harmônico e deslumbrante. Uma visita inesquecível.

The Getty Center, Richard Meier | Los Angeles

Ao longo da faculdade de arquitetura (e da carreira profissional também), elegemos os nossos "heróis" – arquitetos cujas obras nos inspiram e com os quais nos identificamos. Eu já tive alguns heróis nesta minha trajetória (Rem Koolhaas, Peter Zumthor, Louis Kahn...), mas Richard Meier foi o primeiro a chamar a minha atenção. Seus projetos residenciais influenciaram fortemente as minhas primeiras maquetes, com suas superfícies brancas, traços retos, formas puras e grandes transparências.

Visitar o Getty Center me trouxe lembranças deste meu primeiro contato com a arquitetura. O Getty, contudo, difere bastante destes projetos residenciais, sobretudo por conta da escala. O complexo cultural, com uma área de aproximadamente 10,000m², abriga um detalhado programa que inclui um centro de pesquisas com biblioteca, a sede administrativa do instituto, salas expositivas contendo o grande acervo do J. Paul Getty Trust, espaços de exposições temporárias, além de mais

12,000m² de jardins. Há críticos que até avaliam a escala gigantesca do complexo como um gesto de *húbris*, um ato extrema arrogância, típica da produção arquitetônica dos anos 90.

Implantação e acesso

O Getty está situado no topo de um morro (Santa Monica Mountains), um gesto que por si só já eleva a importância da arte na paisagem. Esta implantação remete aos grandes centros antigos, que também possuíam uma localização de destaque e predominância na cidade, como é o caso da Acrópole de Atenas, na Grécia. O complexo desfruta, portanto, de uma ampla visibilidade sobre o horizonte infinito de Los Angeles.

Sendo Los Angeles a cidade do automóvel, o acesso é pensado a partir do carro. O museu fica afastado do Centro, no norte da cidade. Para chegar lá, pega-se uma avenida expressa e, ao adentrar o complexo, somos logo direcionados ao estacionamento. Dali, pegamos o elevador para a plataforma do bonde, que então nos levará ao museu. Uma clara separação da cidade e o início de um movimento de ascensão para a arte.

Morfologia e espacialidade

O museu é distribuído em blocos independentes agrupados ao redor de uma praça. É possível visitar a exposição em ordem sequencial, passando de um bloco expositivo ao outro, ou então escolher a sua própria ordem de visitação a partir de entradas que dão diretamente para a praça central. Esse gesto é próprio do movimento moderno, que acaba com a hierarquia de uma única entrada e estabelece um fluxo mais democrático através de múltiplos acessos.

Praça central, em torno da qual estão agrupados os blocos expositivos.

Dentro da influência do modernismo, verificamos aqui a linguagem do purismo geométrico. Os blocos de exposição são cubos de arestas fortes e claramente demarcadas. Estes, por vezes, são parcialmente escavados, o que traz uma alternância entre o cheio e o vazio. Ou seja, apesar de diferirem entre si em termos de morfologia, os cubos não perdem as semelhanças uns com os outros graças aos contornos bem definidos e à materialidade em comum.

Cubos contendo espaços expositivos, revestidos em mármore travertino. Volumes parcialmente escavados propocionam alternância entre cheio e vazio.

Bloco expositivo sobre o vazio do pilotis.

O círculo também se faz presente na composição, como vemos no bloco principal de acesso. Ao longo dos demais blocos, também verificamos segmentos curvos que rompem com a predominância da linha reta.

Bloco de acesso com planta circular, ao fundo.

Outra premissa do modernismo aqui empregada, e muito característica da obra de Meier, é a existência de grandes aberturas para a entrada de luz natural; uma característica emblemática, que está presente desde as suas pequenas células residenciais aos grandes projetos. Além da iluminação, as janelas ao longo dos corredores permitem olhar para o próprio edifício. Ocorre então um movimento de autocontemplação, um momento de admiração da obra arquitetônica.

Do interior do edifício, podemos admirá-lo

Os blocos são revestidos em mármore travertino. No exterior, as superfícies claras das fachadas refletem a luz de forma quase violenta. Chega a ser difícil andar sem óculos escuros. No interior, a textura da pedra sob a luz traz uma dramaticidade que remete às antigas construções do Império Romano. De fato, o mármore aqui empregado é provindo de Bagni di Tivoli, na Itália. O processo de extração e recorte das peças era tão artesanal que o arquiteto enviou uma equipe para trabalhar na pedreira durante um ano para garantir um acabamento de qualidade.

The Getty Center, Richard Meier 63

*Superfícies claras
refletem a luz.*

*Mesmo material
utilizado no tratamento
do paisagismo.*

Os espaços expositivos são o extremo oposto do invólucro, o que de fato chegou a ser um problema durante a concepção do projeto. O projeto de interiores não foi assinado por Meier, mas pelo arquiteto Thierry Despont. Ao contrário de Meier, cuja composição utiliza referências do moderno combinadas ao clássico, Despont busca inspiração na arquitetura francesa do século XVIII. Como a maior parte das obras do acervo varia do renascimento ao impressionismo, a decoração se utiliza de cores fortes e ornamentos que entram em harmonia com as obras de arte. O acervo conta também com móveis e objetos da aristocracia francesa, então há salas que realmente recriam o ambiente da época. Chega a ser estranho você adentrar um prédio modernista e encontrar um interior no estilo rococó.

Projeto de interiores assinado por Thierry Despont. a escolha do decorador foi motivo de conflito entre Meier e o instituto.

Conflitos no processo

Não são poucos os casos de projetos que resultaram em conflitos entre o arquiteto e o cliente. O Getty Center é um exemplo emblemático disso. Em seu livro, o crítico Martin Feller conta brevemente como foi a saga da construção do museu e o impacto que este projeto teve na carreira do arquiteto. Um processo árduo, que transformou o sonho de qualquer arquiteto em uma grande dor de cabeça. Foram tantos os desgostos e desentendimentos que, posteriormente à inauguração, Meier escreveu um livro intitulado *Building the Getty*, no qual ele relatou o processo pelo seu ponto de vista e narrou as suas desavenças e frustrações com o instituto.

The Getty Center, Richard Meier

Outro motivo de briga: os jardins do Getty também não foram projetados por Meier, mas pelo artista Robert Irwin.

Feller analisa que, depois da experiência do Getty, talvez pelas suas frustrações ao longo do processo, o arquiteto optou por seguir um caminho mais seguro nos seus projetos. Menos ousado, Meier desenvolveu um estilo que oferecia uma previsibilidade e estabilidade por vezes até mesmo desejada pelos seus clientes e investidores. São projetos menos inovadores, que se apoiam em soluções já exploradas e acabam produzindo um efeito "já visto". Richard Meier, um arquiteto tão promissor na sua juventude (foi o arquiteto mais jovem a ganhar o prêmio Pritzker com apenas 49 anos), tornou-se uma opção mais conservadora entre os seus contemporâneos, como Renzo Piano. Com o tempo, Meier deixou de ser a referência absoluta em arquitetura de museus, e o papel foi assumido por ninguém menos do que o próprio Piano.

Museu de Arte Kimbell, Louis Kahn | Fort Worth, Texas

O Museu de Arte Kimbell, uma joia que permanece uma das principais referências quando o assunto é galerias de arte ou museus de pequeno a médio porte.

Inaugurado em 1972, o Museu de Arte Kimbell está localizado em Fort Worth, uma cidade que integra a megalópole Dallas-Fort Worth, no estado do Texas, nos Estados Unidos. Composta por 12 condados, a megalópole abrange as regiões metropolitanas dos distritos Dallas--Plano-Irving e Fort Worth-Arlington. Durante a minha estadia, fiquei hospedada mais perto de Dallas mas, sabendo da existência da obra do Kahn, distante a pouco mais de 40 minutos de carro, não pude deixar de tirar um dia para ir conhecer.

O museu fica no centro cultural da cidade, uma região que conta com diversos museus e centros de pesquisas. Para ter uma ideia, do outro lado da rua do Kimbell fica o Modern Art Museum of Fort Worth, museu projetado pelo japonês Tadao Ando que abriga um excepcional acervo de arte moderna. Imperdível também.

Metodologia de trabalho de Kahn

Kahn acreditava que os edifícios possuíam uma essência própria, e que esta essência era determinante para a solução final. Durante o processo projetual, o arquiteto passava por três fases: a ideia, a ordem e o desenho. O primeiro momento da ideia é quando a forma expõe a sua vontade de existir e o partido do projeto é revelado. Em seguida, estes elementos são alinhados para estabelecer uma ordem, uma linguagem definidora da composição. O desenho vem por último, como o que vem trazer a riqueza do detalhe para o tratamento de cada ambiente através de soluções pontuais para a entrada de luz, detalhes construtivos, encontros entre materiais.

Kahn costumava dizer "amo os inícios". Para ele, esse momento era primordial: "a transição entre o silêncio e a luz".

Sobre o museu

O Museu de Arte Kimbell reúne cerca de 350 obras pertencentes à coleção de Kay e Velma Kimbell. O acervo não é muito extenso, porém é composto por obras de grande importância, dentre elas pinturas e esculturas europeias, asiáticas e africanas. O edifício de Kahn reflete essa característica do acervo em sua arquitetura – sua escala é modesta, mas conta com um grande refinamento nos seus detalhes.

Os projetos de Kahn refletem uma grande preocupação com a vivência do interior. Ele costumava dizer que devíamos falar em termos de "lugar", e não de "espaço", e, como qualquer lugar está submetido à luz, ele deve ser pensado em função dela. De fato, a luz é um dos principais elementos deste projeto.

O Museu de Arte Kimbell traz fortes referências à arquitetura do Império Romano. A estrutura em abóbodas faz alusão às antigas casas de Pompeia. Na composição, elas seguem lado a lado, gerando um efeito de ritmo e repetição.

As abóbodas contam com rasgos no topo, que seguem por todo o seu comprimento. Estes rasgos permitem a entrada de luz natural e a curvatura do teto proporciona uma distribuição difusa da luz. A luz se dissipa à medida que se aproxima das extremidades do ambiente. Este eixo de luz criado no centro das abóbodas contribui para o direcionamento do percurso da exposição.

Para que houvesse algum tipo de controle sobre a entrada de luz natural, o arquiteto criou uma espécie de filtro, uma estrutura sob o teto que permite a troca de painéis com maior ou menor grau de opacidade. Isso proporciona aos curadores um controle sobre a luz em função das obras expostas.

A importância da flexibilidade na organização da exposição também se faz evidente pela existência de paredes internas móveis, adaptáveis de acordo com a curadoria.

Kahn falava muito sobre a monumentalidade na arquitetura, sobre a importância do ícone. Este museu se impõe de forma monumental. Apesar de sua escala despretensiosa, sua composição se utiliza de formas imponentes e as enfatiza através da repetição. Não obstante, o respeito com as proporções do corpo do ser humano não cai no esquecimento. Isso se torna evidente através do teto baixo, que traz intimismo para o momento de admiração das obras. Do mesmo modo, foram criados pátios internos que também oferecem um local de descanso e contemplação para os visitantes, além de ser mais uma entrada de luz natural para o interior. Não é à toa que a arquitetura de Kahn é considerada muito humana.

Eu visitei o Kimbell em dezembro de 2012. Na época, o museu estava passando por obras de extensão. O complexo receberia um anexo projetado por ninguém menos que Renzo Piano. A escolha de Piano para o projeto da expansão é bastante sensata, visto que o arquiteto italiano vem se estabelecendo como referência em termos de arquitetura de museus. Piano já assinou diversos museus em diferentes cidades americanas, muitos deles seguindo as premissas do Kimbell de pequena escala e riqueza nos detalhes. Renzo Piano chegou a colaborar no escritório de Kahn na época em que o Kimbell estava sendo desenvolvido.

Clássicos da Arquitetura

Salk Institute, Louis Kahn | La Jolla, California

A obra de Louis Kahn é considerada por alguns críticos como um marco na história da arquitetura, responsável pela transição do movimento moderno ao pós-modernismo. Kahn utilizava materiais e tecnologias modernas nas suas construções, embora reconhecesse a importância de elementos clássicos da arquitetura, tais como o eixo, o ritmo, a simetria, proporção e hierarquia. O Salk Institute, projetado pelo arquiteto no final dos anos 50, reúne estes elementos no edifício que é considerado uma de suas obras-primas.

Vida e Obra de Louis Kahn

Kahn nasceu em Oesel, na Estônia, em 1901, e mudou-se para os EUA em 1905. Para Martin Filler, autor de *Makers of Modern Architecture*, o fato de o arquiteto ter nascido neste ano foi, ao mesmo tempo, uma de suas grandes sortes e um dos seus maiores desafios. Isso se deve ao fato de que, durante a sua juventude, ele vivenciou as duas grandes guerras e, entre elas, a crise de 1929, que estagnou a construção civil no país e acabou por si só com a carreira de muitos profissionais da área. Por isso, Kahn teve pouca experiência em construção até relativamente tarde.

Kahn estudou na faculdade da Pensilvânia, que seguia uma linha de ensino historicista, onde ele aprendeu sobre os princípios clássicos da arquitetura. Esse conhecimento foi posteriormente aprofundado em viagens que o arquiteto fez à Grécia e à Itália. Entre 1950 e 51, ele ganhou uma bolsa para estudar arquitetura em Roma. Lá, Kahn familiarizou-se com os processos de fabricação e viu de perto as estruturas de tijolos dos grandes edifícios. Não é de surpreender, portanto, que a sua arquitetura tenha proposto um retorno, um novo olhar sobre as tipologias antigas.

Foi a partir do seu regresso aos EUA que ele começou a afirmar o seu estilo próprio – em 1951, no projeto para a Galeria de Arte de Yale, e em 1959, com o Instituto Salk.

Circulação no nível térreo – estrutura de concreto aparente e piso em mármore travertino.

O Instituto Salk para Estudos Biológicos

Em 1959, Jonas Salk – o cientista que desenvolveu a vacina para a pólio e fundador do instituto – entrou em contato com Kahn para a realização do projeto. O programa do instituto foi desenvolvido a partir de conversas entre os dois, que compartilhavam interesses mútuos e uma mesma visão para o empreendimento. Salk pediu a Kahn "um edifício digno de uma visita de Picasso" (não apenas pelo pintor ser um dos grandes gênios do século XX, mas também porque ele era o ex-marido da esposa de Salk, Françoise Gilot).

Vista do complexo a partir da entrada.

O Instituto fica a aproximadamente duas horas de carro de Los Angeles, em La Jolla, no norte de San Diego. O terreno de 27 acres foi doado pelo então prefeito da cidade devido ao seu interesse em trazer esse importante instituto de pesquisa para San Diego. O local é próximo da costa, o que permite uma bela vista para o oceano Pacífico a partir do pátio central do conjunto.

O pátio talvez seja o espaço mais simbólico do projeto. Sua importância é tão fundamental que Kahn chegou a pedir conselhos ao mexicano Luís Barragán. Originalmente concebido como um jardim arborizado, foi Barragán quem insistiu para que a praça fosse de pedra, sem qualquer tipo de vegetação. Nas palavras dele: "ao fazer uma praça livre, o conjunto ganharia uma nova fachada, uma fachada para o céu". O resultado é um plano que se perde no horizonte, entre céu e mar.

Fio d'água atravessa e divide o pátio central, demarcando o eixo do conjunto.

O pátio central é atravessado por um fio d'água ao longo de todo o seu comprimento, uma linha que estabelece um eixo e realça a simetria entre os blocos de pesquisa em ambos os lados. A água que corre nessa linha cai em cascata em fontes no final do pátio. Esse movimento serve de metáfora para o conhecimento desenvolvido no instituto: assim como a água que sai daqui flui em direção ao mar, o conhecimento gerado segue para o mundo. A dimensão do pátio também possui uma relação com o entorno. A sua largura é semelhante à altura dos blocos adjacentes, o que traz unidade e proporção ao conjunto.

Salk Institute, Louis Kahn

Cascatas no final do pátio.

Os blocos de pesquisa – as *study towers* – são simetricamente organizadas ao redor do pátio. A repetição dos módulos idênticos atribui ritmo à composição. A homogeneidade dos blocos é vista como um gesto democrático, visto que um departamento não se destaca mais que outro. Além disso, é comum as pessoas pararem para pedir informações umas às outras para saber onde fica determinado laboratório, já que são todos tão parecidos. Salk queria que este fosse um complexo que estimulasse a convivência e a troca entre as pessoas.

Blocos de pesquisa – study towers.

Quando ele desenvolveu a sua pesquisa sobre a pólio, Jonas Salk trabalhou em um laboratório subterrâneo, escuro e solitário. Em suas conversas com Kahn, ele pediu que os espaços de trabalho desfrutassem de bastante luz. Com isso, além do grande pátio central, foram criados vazios internos ao redor dos quais as salas de pesquisa estão agrupadas. Estes vãos atravessam todos os pavimentos até o subsolo, onde encontramos pequenos pátios internos exclusivos para os pesquisadores. A circulação semiaberta, as divisórias de vidro e as amplas esquadrias dos escritórios contribuem também para a entrada de luz natural nos ambientes. A planta interna dos pavimentos é livre, o que permite adaptabilidade dos departamentos em função das pesquisas em andamento.

Circulação semiaberta entre os escritórios.    *Pátios internos no subsolo.*

Amplas esquadrias de vidro para a entrada de luz.

Material

A escolha do material do piso – o mármore travertino – está relacionada tanto à sua importância histórica quanto à sua alta resistência aos efeitos do clima e do tempo. Essa é uma importante consideração, já que o instituto fica à beira-mar. O mármore e o concreto da estrutura estavam em ótimo estado, o que já não podemos dizer sobre a madeira teca, aplicada na fachada.

Apesar da austeridade dos materiais, como através da predominância do concreto armado, além do traço forte e imponente da sua composição, a sensação que temos é que esse é um edifício extremamente humano. A sua escala dialoga com a escala do corpo humano, os pés direitos baixos das circulações nos acolhem ao caminharmos. Essa preocupação com o usuário é recorrente nas obras de Kahn, algo que se reflete tanto em seus espaços convidativos, quanto em seu discurso.

Madeira teca nas fachadas já demonstrava manchas do tempo.

A Ópera de Sydney | Jorn Utzon

Conhecida como um dos cartões-postais mais famosos do mundo, a ópera de Sydney permanece um dos grandes ícones da arquitetura mundial, despertando fascínio em visitantes provenientes de diversos países.

Projetada pelo arquiteto dinamarquês Jorn Utzon, a ópera foi objeto de um concurso realizado em 1956, um ano marcante para a Austrália: Melbourne sediava os Jogos Olímpicos e Sydney, para não ficar para trás, lançou em fevereiro do mesmo ano o concurso para o que viria a ser o maior símbolo da arquitetura do país. O concurso internacional contava com importantes membros no júri (entre eles, o arquiteto finlandês Eero Saarinen). Dividido em etapas, o concurso durou praticamente o ano inteiro, sendo o resultado divulgado somente em dezembro.

A Ópera de Sydney

A localização proposta para o projeto foi a península de Bennelong Point, ponto privilegiado que avança sobre a baía. O programa estabelecia a necessidade de duas salas de espetáculo – uma sala de concertos e uma para ópera e ballet. Foram no total 233 propostas, dentre as quais a de Utzon se sobressaiu. Enquanto as demais recorriam a soluções ortogonais e colocavam uma sala em frente à outra, consequentemente privilegiando uma delas, a proposta de Utzon colocava as duas salas lado a lado. Sua composição esguia permitia que ambas desfrutassem da vista sobre a baía e, simultaneamente, sobre a cidade.

Aberturas nas fachadas voltadas para a cidade...

... e para a baía. o edifício desfruta da vista para os dois lados.

Utzon relatou que a natureza foi a sua principal fonte de inspiração. Para o arquiteto, a obra deveria estar integrada à paisagem do entorno. Essa integração é tão notável que suas formas abstratas dão margem a diferentes interpretações: alguns veem o projeto como velas de barcos, outros como a espuma das ondas que batem na costa mas, para Utzon, a ópera é como uma nuvem sobre o mar.

Objeto camuflado na paisagem.

A pele do edifício também faz alusão a formas da natureza. O acabamento branco e polido dos painéis cerâmicos curvos se assemelha a escamas de peixes. Um branco que permite que o objeto se camufle no horizonte num dia nublado, ou aparente ser mais uma nuvem no céu em dias de sol. É importante ressaltar, entretanto, que a inspiração em formas orgânicas não significa imprecisão. Pelo contrário. As suas superfícies curvas seguem todas a mesma curvatura de uma esfera com raio de 72 metros.

A Ópera de Sydney

Materialidade da pele se assemelha a escamas de peixe.

A solução estrutural foi um grande desafio para este projeto. A forma predomina sobre a função e o uso se adapta à conformação do espaço. Com isso, há uma clara divisão de propósitos: o exterior atrai enquanto o interior funciona. No lado de dentro, o branco reluzente é substituído pela crueza do concreto armado, revelando a estrutura que sustenta as impressionantes abóbodas (são 10 no total). A beleza do detalhe da estrutura nos dá uma ideia do quanto o processo de construção deve ter sido delicado.

Dentro/fora

Leque de concreto.

Composição ritmada da estrutura.

Estrutura mista – vigas metálicas

A ópera levou 17 anos para ser construída. Devido a sua solução estrutural inovadora, o valor da construção estourou (e muito) o orçamento estimado: o custo inicial estimado era de sete milhões e acabou custando em torno de cento e dois milhões. A estrutura demorou a ser resolvida e a sua construção exigiu a importação de gruas e materiais, a maioria destes vindos da França.

A Ópera de Sydney 85

O final da história dessa construção é bastante triste, pois o arquiteto nunca chegou a ver a sua obra pronta. Em 1966, com mudanças no governo, o projeto sofreu restrições. Disseram a Utzon que ele deveria trabalhar em parceria com um escritório local, mas ele não aceitou e logo saiu do projeto. Houve até protestos nas ruas pedindo o seu retorno, mas o arquiteto foi embora e nunca mais voltou para ver o seu projeto concluído. Grande parte do detalhamento foi finalizado pelo escritório local; então, muitos detalhes do interior não correspondem ao projeto original de Utzon.

Quiosque de café no espaço comum.

Corredores de acesso à sala de concertos.

Espaço para evento atrás da sala de concertos.

Desde a sua inauguração, o prédio encanta e desperta curiosidade internacional. Não é de se admirar que os tours para conhecer o seu interior estão sempre cheios e devem ser reservados com alguns dias de antecedência.

Casa da Música, OMA | Porto

Em 2019, a Casa da Música do Porto comemora 14 anos. Inaugurada em 14 de março de 2005, a Casa da Música teve o seu projeto assinado pelo escritório holandês OMA, sob a direção de Rem Koolhaas, e tornou-se um grande ícone da cidade. Além de oferecer uma ampla variedade de shows, concertos e apresentações, a Casa organiza tours diários do prédio em inglês e português.

Arquitetura da Casa da Música do Porto: fachada

A Casa da Música é inovadora em diversos sentidos, e isso se reflete em cada detalhe do projeto, a começar pela sua implantação. O arquiteto Rem Koolhaas defende que a tendência da cidade é se transformar e que o entorno do edifício, portanto, não deve necessariamente ser determinante para o objeto. Com isso em mente, ele optou por não seguir o alinhamento da rotunda da Boa Vista, localizada logo em frente ao prédio. Ao contrário, o objeto rompe com a forma urbana predominante do local. Diferente das demais construções ao redor da rotatória, a Casa da Música não segue o desenho do perímetro da quadra. O projeto se destaca dos limites do terreno, ocupando o seu centro.

Arquitetura da Casa da Música do Porto: o objeto afastado das divisas se diferencia do entorno.

Esse distanciamento das divisas permite a sua visualização à distância e a admiração de sua forma escultórica. A praça formada por este afastamento é revestida por um mármore travertino cuja cor e textura se assemelham àqueles da cortiça, um dos principais produtos de exportação de Portugal.

Arquitetura da Casa da Música do Porto: o afastamento dos limites do lote gera uma praça no entorno do objeto.

Arquitetura da Casa da Música do Porto: a praça é revestida por um mármore travertino cuja cor e textura se assemelham àqueles da cortiça.

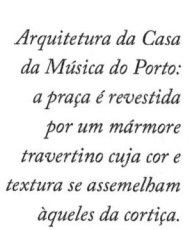

A volumetria do objeto é um poliedro irregular. O prédio se assemelha a um diamante bruto. A estrutura é toda de concreto aparente, o que revela o material e método construtivo empregado. Podemos até observar os limites das fôrmas de madeira, utilizadas no processo construtivo, impressos no concreto.

Arquitetura da Casa da Música do Porto: a forma do prédio parece um diamante.

O conceito da transparência predomina por quase todo o projeto. Além da crueza do concreto aparente já mencionado, outra solução que ressalta essa transparência é o uso de placas metálicas perfuradas como divisórias e revestimento. Isso permite a continuidade visual entre um ambiente e o outro, mesmo quando possuem funções distintas, como é o caso do lobby e as salas de ensaio. Apesar da transparência visual, o som é contido graças ao condicionamento acústico e os vidros duplos nas divisórias. As placas perfuradas utilizadas como revestimento de paredes e teto oferecem a visibilidade sobre os sistemas de instalações para que o usuário possa entender o funcionamento do edifício.

Arquitetura da Casa da Música do Porto: placas metálicas perfuradas nas paredes e no teto permitem ao observador avistar os sistemas de instalações por trás do revestimento.

Essa dualidade entre o que é fechado e revelado é preservada também no auditório principal, que ocupa o núcleo do edifício. Nas duas extremidades do auditório há grandes aberturas com vidros ondulados, que possibilitam a quem está assistindo ao espetáculo avistar também a cidade ao fundo. Do mesmo modo, quem está na rua pode observar o movimento no interior do prédio. Isso permite uma relação mais direta do interior do edifício com o espaço urbano. Koolhaas defendia que essa transparência e continuidade do espaço interno com o externo é mais forte do que apenas seguir o mesmo alinhamento das construções vizinhas.

Arquitetura da Casa da Música do Porto: vidros curvos são mais eficientes para o isolamento acústico e permitem a continuidade visual.

Arquitetura da Casa da Música do Porto: espaço de circulação entre o auditório principal de concertos e a fachada do edifício.

O vidro ondulado trabalha melhor em termos acústicos que o vidro reto. O vidro ondulado na fachada é uma solução que já foi comentada em outro projeto: o MAS, na Antuérpia.

O auditório principal possui capacidade para mais de 1200 lugares. Trata-se do coração do edifício. Há salas menores ao redor que possuem funções distintas – algumas educativas, outras sociais, outras são salas de concerto menores –, e muitas delas possuem uma visualização direta para o grande auditório. Ou seja, novamente a transparência permite uma comunicação direta entre os espaços diversos.

Arquitetura da Casa da Música do Porto: a sala de concertos.

Para diferenciar a função de cada espaço, cada sala recebe um tratamento singular. Há duas salas educativas para crianças, que levam um piso mais macio com cores lúdicas; uma é roxa, a outra, laranja.

Há ainda uma sala, tipo um hall, para concertos menores, que é inteiramente coberta por uma cerâmica geométrica, típica da cidade do Porto. Por fim, há ainda uma outra sala que é inteiramente revestida por azulejos azuis e brancos, fazendo referência ao período barroco português. Muitas das cenas retratadas aqui são réplicas de cenas na estação

Casa da Música, OMA 93

*A arquitetura da
Casa da Música do Porto:
sala roxa, espaço educativo,
tem visualização direta
para o grande auditório.*

de São Bento, no Porto, e umas também de Lisboa. Há uma última cena, próxima da janela, que é de um painel holandês. Esse painel está de cabeça pra baixo, estabelecendo um contraste que não deixa, porém, de ficar integrado ao todo. Isso fortalece o vínculo entre Portugal e Holanda, o país de origem do arquiteto cuja história também traz essa cultura da azulejaria.

*A arquitetura da Casa da Música do Porto:
azulejaria geométrica.*

É interessante constatar como, apesar de o prédio parecer bastante fechado quando avistado de fora, há muitas aberturas entre as salas e também das salas para o exterior.

A arquitetura da Casa da Música do Porto: terraço do restaurante possui vista privilegiada sobre a cidade.

No térreo há um café e na cobertura, um restaurante que desfruta ainda de um terraço que, além de um revestimento quadriculado preto e branco que toma o piso e as paredes, conta ainda com uma esplêndida vista sobre a cidade. A Casa da Música é uma joia e recomendo fortemente a visita a quem estiver de passagem pela cidade do Porto.

Biblioteket de Gunnar Asplund | Estocolmo, Suécia

Uma das visitas mais esperadas na minha ida a Estocolmo: a Biblioteca de Gunnar Asplund. Lembro-me de estudar este projeto no segundo ano da faculdade – no semestre em que tivemos que projetar uma biblioteca. Busquei inspiração neste projeto pois fascinava-me a ideia de ter o acervo de livros todo exposto aos visitantes, algo que nem sempre acontece nas bibliotecas. Aqui, o visitante é completamente rodeado pelos livros, de modo semelhante ao que acontece no Real Gabinete Português de Leitura, no Rio de Janeiro.

Ao avistar o objeto na paisagem, a primeira característica que sobressai é o seu tom alaranjado. A sobriedade de sua composição geométrica, suas formas puras e sua proporção são contrastadas pelo laranja vibrante que reveste todo o objeto. Sua predominância na silhueta da cidade é salientada pela sua escala e pelo fato de o objeto estar elevado sobre um grande patamar. O acesso à biblioteca é realizado através de uma grande rampa que emoldura o percurso de entrada.

Inscrição do nome do arquiteto em sua obra edificada – algo que veio tornar-se obrigatório no Rio de Janeiro através do decreto nº 38314 de 20 de fevereiro de 2014.

O pórtico e as fachadas do edifício trazem influências egípcias no desenho dos seus ornamentos. Tais elementos atribuem dramaticidade e textura a uma fachada de linhas retas que, sem algum tratamento que a humanize, corre o risco de se tornar monótona e desinteressante.

O tom alaranjado é preservado no interior. O tom da madeira do mobiliário e o marrom da paginação de piso puxam para a cor laranja, estabelecendo uma coerência com o tratamento de fachada. É interessante perceber também que a paginação de piso no centro da rotunda replica

Biblioteket de Gunnar Asplund 97

Influência egípcia no desenho dos ornamentos e molduras.

o desenho da planta geral do edifício: círculos inscritos num quadrado representam a rotunda e o embasamento. Em outras palavras, o mesmo conceito prevalece através das diferentes escalas do edifício, seja no desenho da fachada, na implantação do edifício ou no desenho do piso.

O livro é o grande protagonista do espaço. Ele assume o primeiro plano, dando vida ao ambiente. De fato, o espaço se adapta em função do livro. Ao mesmo tempo em que as estantes organizadas 360° a nossa volta nos apequenam, quando nos aproximamos, elas adquirem a proporção do corpo humano. A escala majestosa, amplificada pela planta circular, se adequam ao nosso tamanho através das passarelas, de suas escadas e corredores. Estes caminhos nos levam às estantes onde todos os livros estão ao nosso alcance – não é necessário subir numa escada ou em um banco para alcançar o volume desejado.

Aos meus olhos, a grande beleza desse projeto jaz exatamente nessa relação que conseguimos ter com os livros. Desfrutamos de uma completa liberdade para andar entre as estantes, folhear os livros, sentar no chão... Achei que fossem chamar a minha atenção por estar fotografando dentro da biblioteca mas isso em momento algum ocorreu. Eventualmente percebi que, contanto que não roube livros ou incomode os demais, você está livre para desfrutar do espaço. Enquanto inúmeras outras bibliotecas possuem atmosferas austeras, controladas e labirínticas, a sensação que impera aqui é de leveza. Você se sente tranquilo para demorar o tempo que for e desfrutar do espaço. Sem dúvida, o desenho agregador de Asplund contribuiu para esta ocupação democrática do espaço.

Estantes respeitam a escala das pessoas.

"Skogskyrkogarden", o cemitério projetado por Gunnar Asplund | Estocolmo, Suécia

A primeira vez que ouvi falar desse projeto foi em uma aula de projeto, na Faculdade de Arquitetura de Lisboa (FAUTL). O meu então professor tinha o hábito de narrar algumas de suas visitas a grandes obras da arquitetura. Aproveitava-se de sua experiência física nos locais para exemplificar os conceitos de projeto que queria nos passar. Essas suas histórias prendiam a atenção de toda a turma, pois mostravam de forma apaixonada como a arquitetura transcende os desenhos – falar de arquitetura é falar de lugares. Dentre as suas contundentes descrições, a que mais me marcou foi aquela sobre a sua ida ao cemitério projetado pelo arquiteto Gunnar Asplund, em Estocolmo.

Já se passaram muitos anos desde então e não me lembro de todos os detalhes do relato da sua visita. Guardei apenas algumas de suas percepções, dentre elas a sua descrição dos elementos que pontuam a paisagem e os materiais que demarcam a transição entre os ambientes. São percepções que me acompanharam durante a minha visita.

Parece estranha a ideia de ir visitar um cemitério. O próprio programa já suscita uma série de considerações e reflexões existenciais, independente do desenho do projeto. Conheço poucos cemitérios, mas os que eu já tive oportunidade de visitar me pareceram sempre tumultuados; as lápides são colocadas muito próximas umas das outras; a paisagem é bloqueada por um amontoado de esculturas; a circulação é feita por corredores finos, escuros e tortuosos. Esse retrato soturno é o oposto do que encontramos no Skogskyrkogarden, também conhecido como The Woodland Cemetery. O lugar é, acima de tudo, um parque. A apenas 20 minutos de trem do centro de Estocolmo, este local é um convite ao silencio e à contemplação.

Resultado de uma parceria entre os arquitetos Gunnar Asplund e Sigurd Lewerentz, o projeto levou o primeiro prêmio em um concurso realizado em 1915. O cemitério foi construído aos poucos, sendo finalizado apenas na década de 40 e, em 1994, tornou-se parte dos patrimônios da Unesco.

Ao chegar ao local, deparamo-nos com um grande vazio em meio à cidade construída – o acesso é realizado através de um gramado em declive, livre de árvores e construções. Tudo o que avistamos a princípio é um caminho de pedras que segue a rampa linearmente, com uma largura adequada para a subida de um pequeno grupo de aproximadamente quatro pessoas lado a lado, e uma grande cruz, um ponto de fuga na linha do horizonte. Estes dois elementos (o caminho e a cruz) humanizam a paisagem, trazendo as proporções do corpo do ser humano para o cenário.

A cruz no fim da ladeira pontua a paisagem. Ela nos direciona e, assim que a alcançamos, as primeiras construções se fazem presentes.

A cruz e o caminho humanizam a paisagem.

O crematório

Estes são o crematório e as suas três capelas. Estes edifícios são articulados por um vestíbulo, uma enorme cobertura que oferece abrigo contra as intempéries, embora não proteja completamente do frio por conta de suas aberturas laterais. Este não encerramento permite um contato constante com a natureza. A escala monumental do vestíbulo nos apequena e nos eleva ao mesmo tempo, um sentimento enfatizado pela abertura zenital no meio da cobertura. Neste ponto, foi colocada uma escultura de três pessoas buscando uma ascensão – um gesto simples e dramático ao mesmo tempo.

Escultura sob abertura zenital.

Mesmo sob cobertura, a natureza se faz sempre presente.

Detalhe do acabamento do pilar e o desenho das luminárias.

Ao contrário do vestíbulo, os espaços à volta, dedicados à cerimônia, são pequenos e encerrados nas laterais. São espaços intimistas, o que permite à família escolher quem entra no recinto e com quem eles querem compartilhar esse momento. Ainda assim, a relação com o exterior prevalece através da ausência de uma cobertura.

Abertura no muro serve de acesso aos espaços de cerimônia. imagem captura detalhe do desenho do piso demarcando transição entre os espaços.

Espaços para a cerimônia. Encerrados nas laterais, porém descobertos.

Do vestíbulo avistamos um pequeno lago, um morro e, em seu cume, um recinto fortemente arborizado. Novamente um elemento que pontua a paisagem, atraindo o nosso olhar e chamando a nossa atenção. Seguimos dessa vez pelo gramado. Ao chegar lá, o silêncio dos nossos passos sobre a grama é substituído pelo barulho dos pedriscos. Nesse momento, damo-nos conta do nosso peso, do movimento do nosso corpo no espaço, da nossa existência. Esse é um dos únicos pontos no cemitério em que conseguimos avistar a cidade ao longe. Lembramos, portanto, que fazemos parte de algo maior. Aqui foi também o primeiro lugar em que pude ver as lápides. O silêncio nos convida para uma interiorização.

Ao adentrarmos cada vez mais no cemitério, verificamos diferentes tipologias de capelas, cada uma permitindo a realização de cerimônias

Nota-se que o arquiteto não utiliza apenas elementos arquitetônicos no projeto, mas artifícios paisagísticos também.

específicas. A organização dos setores com as lápides também varia. Em alguns casos, as lápides são verticais e se perdem entre as árvores gigantescas. Já em setores de paisagismo menos denso, as lápides são deitadas no chão como se pertencessem ao solo. Independente dessas variações, os túmulos são sempre bem discretos, com poucas demarcações, o que faz com que o conjunto todo se integre bem – os elementos fazem parte de um todo. A morte aqui não é retratada como algo sombrio a ser temido, mas manifesta-se como um processo natural, como o fim de mais um ciclo de vida. E para cada fim, há a esperança de um recomeço.

Capela.

O Skogskyrkogarden desperta uma pluralidade de sensações. As intervenções pontuais trazem significado a um lugar aparentemente intocado; uma planície sem fim é interrompida por uma aglomeração de árvores; descampados são descontinuados perante fileiras de árvores dispostas linearmente; o céu, predominante no cenário, eventualmente some por completo por trás das folhas da mata densa. São transições sutis que por vezes passam despercebidas.

Ao criar essa multiplicidade de ambiências e experiências, os arquitetos humanizam a paisagem natural. Tal atitude projetual reflete os conceitos do filósofo Martin Heidegger, que utilizava a ponte como exemplo de um símbolo que revela a paisagem. Encerro esse texto com um extrato de seu ensaio "Construir, Habitar, Pensar":

A ponte se estende lépida e forte sobre o rio. Ela não junta as margens que já existem, as margens *é* que surgem como margens somente porque a ponte cruza o rio (...). Com as margens, a ponte leva ao rio as duas extensões de paisagem que se encontram atrás delas. Põe o rio, as margens e a terra numa vizinhança recíproca. A ponte junta a terra, como paisagem, em torno do rio.

La Maison Carré, Alvar Aalto | Maison La Roche, Corbusier

Visitei dois projetos diferentes para um mesmo programa: uma residência unifamiliar com galeria de exposição para um colecionador de arte. O primeira foi a Maison Louis Carré, do finlandês Alvar Aalto, que fica em Bazoches-sur-Guyonne, nos arredores de Paris, e a segunda foi a Maison La Roche, de Le Corbusier, que fica no 16º arrondissement parisiense. Embora lidem com a mesma temática, podemos dizer que trabalham a partir de partidos e contextos opostos.

Maison Louis Carré, projeto de Alvar Aalto.

A Maison Louis Carré é o único projeto do arquiteto finlandês Aalto na França. Aparentemente, o colecionador Louis Carré era um amigo de Corbusier. Ele chegou até a morar sete anos em um dos seus prédios. Depois disso disse: "chega! Concreto demais!" *(Trop de betón!!)*. Recorreu então a Aalto para fazer a sua casa em uma região rural, a aproximadamente uma hora de Paris.

Detalhe do pilar na entrada.

A casa está pousada sobre um terreno inclinado. Seus espaços estão distribuídos horizontalmente, adequando-se ao declive natural do solo. A inclinação da cobertura estabelece uma semelhança com o perfil do terreno num gesto muito elegante. Os traços geométricos do projeto adquirem uma maior suavidade e leveza graças a essa estreita relação com o contexto.

Texturas da fachada.

O tijolo em relevo na fachada é proposital. Revela a construção e o processo, além de atribuir uma textura à parede.

Um dos pedidos de Louis Carré foi que a casa deveria ser pequena por fora mas grande por dentro. Temos uma noção clara disso no momento em que adentramos o hall. Sob a cobertura plana, Aalto criou uma sala com teto curvado. A sensação de amplitude é enaltecida pelas entradas de luz. Com isso, o adentrar da casa torna-se uma espécie de ritual. Neste gesto, há uma relação direta com alguns dos seus projetos de igrejas. A própria luminária do hall, por exemplo, havia sido desenhada por ele antes para a igreja Three Crosses em Lahti, na Finlândia.

Sala com teto curvo e luminárias desenhadas pelo próprio arquiteto.

Visto que a fachada norte não recebe luz alguma durante o dia, a janela da sala de jantar rompe o alinhamento dessa fachada, avançando rumo ao noroeste. Assim, ela captura a luz do entardecer, rebatendo-a na parede e redirecionando-a para a sala. Um gesto sutil que demonstra como o pensamento de Aalto está presente em todos os pormenores.

Já a Maison La Roche, de Le Corbusier, inserida na trama urbana de Paris, parece mais um refúgio da cidade, negando o seu contexto. Um projeto interiorizado, cujos espaços se organizam todos em torno do hall central.

Janela na sala de jantar rompe com a linearidade da fachada.

A planta baixa é organizada em dois núcleos distintos – um com os espaços de moradia e o outro com os espaços de trabalho, respeitando a filosofia de Corbusier de setorização por funções.

Fachada Maison La Roche

Mezanino sobre o hall central.

Acesso aos ambientes de trabalho.

Ambos os núcleos são acessados pelo nível térreo, embora possuam uma ligação direta um com o outro no primeiro andar, através de uma circulação semiaberta. O segundo andar já oferece um isolamento para ambos os segmentos. Para passar de um para o outro, é necessário descer novamente as escadas e cruzar a passarela que atravessa o hall central.

Apesar dessa separação, há uma constante relação visual entre os dois lados, preservada em todos os níveis graças ao vazio do hall.

Se formos comparar a Maison La Roche (1923) à Villa Savoye (1928-31), diríamos que a Villa Savoye é completamente didática. Nela, os cinco princípios do modernismo, elaborados por Le Corbusier – o pilotis, a janela em fita, o terraço jardim, a planta livre e a fachada livre – estão mais claros e eloquentes. Na Maison La Roche, estes princípios, ainda em formação, são menos óbvios. Com isso, o percurso e o olhar do visitante são mais livres, menos enquadrados. Os direcionamentos não vão além de sugestões, sobretudo através das entradas de luz. Em especial, achei o jogo de luz na casa simplesmente sublime.

Circulação semiaberta entre setor de moradia e o setor de trabalho da casa.

Jogo de luz na Maison la Roche.

O Convento de La Tourette | Le Corbusier

A paisagem de Éveux

Dentre todas as visitas a grandes obras de arquitetura que eu já tive a oportunidade de fazer, eu diria que a mais emocionante delas foi a visita ao convento de La Tourette, projeto do arquiteto Charles-Edouard Jeanneret-Gris, mais conhecido como Le Corbusier.

A visita não é rápida e o processo de chegar lá envolve praticamente uma peregrinação. A partir de Paris, viajamos de trem de grande velocidade (TGV) até Lyon. Ao chegar a essa cidade, pegamos um trem regional para Arbresle e, dessa estação, andamos cerca 30 minutos até *Éveux*, o vilarejo onde se situa o convento. O trajeto, que exige uma certa determinação, já faz parte da experiência arquitetônica em si. Por isso mesmo, decidimos ir cedo para experimentá-lo sem pressa, percebendo o contexto e sentindo o clima da região. O que encontramos foi um ambiente pacífico, um passeio pelo campo em meio a vaquinhas, hortas e sítios. A paisagem coberta por uma imensa manta verde aveludada, conformando os morros no horizonte. Vivenciamos o gradual distanciar dos grandes centros urbanos até chegarmos ao seio da *campagne* francesa.

Após a caminhada, chegamos a uma espécie de vestíbulo, um espaço de transição emoldurado por duas fileiras lineares de árvores, um de cada lado da via. O seu atravessar implica deixar o resto do mundo para trás para uma imersão em um novo universo. Através das folhagens, a construção começa a se revelar. Enfim, nos deparamos com um monstro. Uma gigantesca criatura que nesse ambiente sereno e nesse belo dia de sol se impõe violentamente com a sua massa cinzenta e pesada. Apesar do contraste, reina uma paz absoluta.

As células vistas da fachada.

O convento oferece a possibilidade de se hospedar durante a noite em uma das suas células. Ao fazer a reserva, nos foi solicitado chegar antes das 17h30, para nos alojarmos e jantarmos com os padres às 19h. Ter a oportunidade de conviver com as pessoas que vivem lá foi verdadeiramente uma experiência única. Estar entre a congregação, os membros da comunidade, provar o vinho que eles mesmos produzem no local, foi muito mais forte do que apenas admirar a arquitetura a distância. O espírito do lugar se acentua em cada um desses rituais.

O convento de La Tourette é um espaço para se estar em silêncio. Um antro para a reflexão.

"Tentei criar um lugar de meditação, pesquisa e prece para os irmãos. As ressonâncias humanas desse problema guiaram nosso trabalho. (...) Esse mosteiro de concreto aparente *é* um trabalho de amor. Você não fala sobre ele. *É* o interior que vive. O essencial está no interior."

Le Corbusier

Corredores voltados para o interior do edifício. Volumes se projetam para o vazio interior. Cobertura verde.

O edifício sobressai em relação ao seu entorno. A forma adotada, com vazios internos e aberturas nas fachadas voltadas para dentro, realça uma introspecção, condizente com o clima de retiro espiritual do lugar. Longe do caos urbano, predomina a paz.

O Convento de La Tourette

A construção se impõe como um ser estranho. Ela não se integra à topografia em declive; meramente pousa e se mantém, como se estivesse na ponta dos pés, tocando minimamente o solo, sustentado por pilares esbeltos. Embora esta diferenciação em relação ao contexto se alinhe com o discurso corbusiano, esta atitude aqui serve a um outro propósito: ela enaltece o espírito do local, o *genius loci*.

A fim de vislumbrarmos plenamente o edifício, somos obrigados a percorrer o terreno, entrar em contato com a terra, que aqui se encontra em estado bruto, intocada por qualquer projeto paisagístico. Os acessos em diferentes níveis propiciam um passeio também pelo interior do edifício.

O projeto tirou proveito do que havia de mais moderno na época em termos de construção civil (entre 1956-1960). O concreto armado, símbolo do avanço tecnológico, é aqui posto em evidência. Apesar desta natureza bruta, a riqueza dos detalhes é tocante. Diferentes texturas do concreto revelam diferentes usos. As varandas das células dos padres, por exemplo, recebem uma camada de concreto com britas grandes, criando um padrão orgânico ao longo de toda a fachada.

Estrutura aparente. O pilar se destaca da parede.

Esquadrias ritmadas geram jogo de luz e sombra.

Forma segue a função

Percebemos em La Tourette um conjunto de formas particular. O oratório, por exemplo, localizado no segundo andar, avança sobre o pátio interno: um cubo opaco, que não se abre para o exterior a não ser por uma deformação em sua cobertura. Uma chaminé surge do volume puro, revelando a sua função. O vão para a entrada de luz se mostra, não no cume da chaminé, mas como um rasgo em sua lateral. A luz entra de forma oblíqua, revelando a textura do chapisco nas paredes. Uma entrada de luz difusa e indireta.

Todos os espaços ganham vida através da relação com a luz. Em cada caso, isso é trabalhado de maneira distinta. Essas reentrâncias, que

O Convento de La Tourette

Entrada de luz feita por rasgo na lateral.

Entrada de luz difusa revela textura da parede.

filtram e direcionam a luz, dignificam os espaços. Na igreja, algumas janelas avançam pela fachada, denunciando a sua presença ao exterior, enquanto outras se conciliam na espessura da parede.

E, para finalizar, não há como falar deste projeto sem mencionar o som – o silêncio e o eco. Assim como não há espaços sem luz, não há espaços sem som. Os espaços ganham um novo ritmo e uma maior profundidade a cada passo do observador. O eco do caminhar silencia as palavras. A impressão que temos é de se estar a sós com o nosso pensamento. O silêncio reverbera no espaço.

Sombra das árvores projetadas na fachada do convento.

Cidades

Chandigarh e Brasília | Um mesmo gesto colonizador em cantos opostos do mundo

Visitar Chandigarh não fazia parte do nosso roteiro original quando programamos uma viagem à Índia. Depois da viagem de trem pelo Rajastão, tínhamos ainda dois dias em Delhi. Ao descobrir que Chandigarh fica a apenas três horas de trem da Capital, não pude deixar de ir passar um dia na cidade.

Uma nova capital para o Punjab

Com a independência da Índia do Império Britânico, em 1947, a partição do país e a criação do Paquistão, a antiga capital da região do Punjab, Lahore, passou a pertencer ao Paquistão. O Punjab precisava portanto de uma nova capital. Em um primeiro momento, pensou-se em adaptar a estrutura do governo a uma cidade existente mas, em virtude da nova demanda populacional, com mais de 4,5 milhões de imigrantes provindos do Paquistão, chegou-se ao acordo de construir uma nova cidade do zero – Chandigarh.

Após a definição de um sítio, a contratação de urbanistas para desenvolverem o *masterplan* da cidade foi efetuada. Jawaharlal Nehru, o primeiro-ministro da época, contratou os americanos Albert Mayer e Matthew Nowicki. Mayer serviu de tenente na Índia durante a segunda guerra, ocasião em que conheceu Nehru, e demonstrou-lhe o seu interesse de algum dia trabalhar em algum projeto para o país. Eles iniciaram o projeto; porém, em agosto de 1950, o sócio de Mayer morreu em um acidente de avião. Ele então declarou que não conseguiria continuar o projeto sozinho e abandonou-o pela metade.

Após este choque, houve um momento de indecisão. Quem deveria herdar esse projeto, se encarregar da construção e concepção da nova capital? Após a discussão em torno de vários nomes, fechou-se em torno de Le Corbusier.

O Plano de Corbusier e a semelhança com Brasília

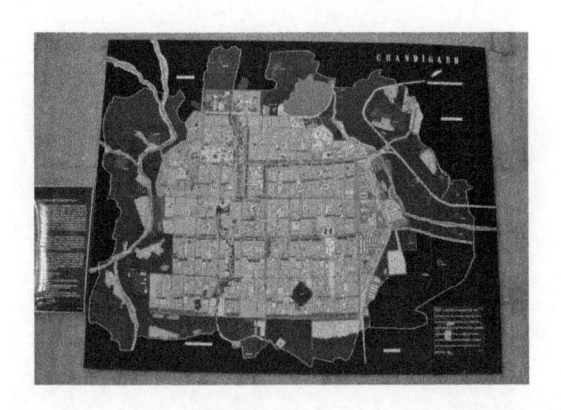

Quando visitei Chandigarh, a comparação com Brasília tornou-se inevitável. Chandigarh e Brasília nasceram com pouco mais de dez anos de diferença: a primeira foi fundada em 1947, a segunda, em 1960. Em ambos os contextos, este era um momento de grande expectativa em relação ao futuro. Na Índia, com o fim de uma guerra religiosa e a separação do estado do Paquistão e, no Brasil, com a prosperidade e o desenvolvimento econômico. Brasília foi uma cidade concebida para ser apreciada pelo ponto de vista do "veículo do futuro", o automóvel.

Ambos os planos seguem os princípios da Carta de Atenas, de 1933: o modelo de cidade progressista com as diferentes zonas claramente delimitadas: habitação, trabalho, lazer e circulação. Em Chandigarh, estas zonas são distribuídas por uma malha de retângulos, denominados setores, cada um medindo 1.200 x 800m. Em Brasília, temos as superquadras residenciais, de 240 x 240m, que seguem o grande arco das asas do Plano Piloto.

De modo semelhante ao Plano Piloto de Lúcio Costa, no qual a praça dos três poderes – com o Palácio do Planalto (Executivo), o Supremo Tribunal Federal (Judiciário) e o Congresso Nacional (Legislativo) – "encabeça" o conjunto, é no Capitol, no extremo norte de Chandigarh, que se situa o Secretariat, o High Court (Supremo Tribunal) e a Assembleia. Apesar de ocupar uma posição de evidência na malha, o Capitol se adequa a ela, preservando a estrutura dos módulos. O Capitol corresponde à dimensão de dois módulos unificados. Contrariamente, em Brasília, o governo é distinguido não apenas pela sua posição no plano, mas também pela sua forma.

Em Chandigarh, foi criado um lago artificial, bem como em Brasília. Esta é a principal área de lazer da cidade.

Enquanto em Brasilia a cintura verde se situa ao longo da faixa residencial, em Chandigarh ela atravessa a cidade numa única faixa no sentido norte-sul. É uma cintura verde com diversos jardins, entre eles o Rose Garden.

O comércio está concentrado no setor 17. Galerias em torno de uma grande praça propiciam o encontro e o passeio sob os pilotis. Lembra um pouco a tipologia do Connaught Place, em Nova Deli.

O racionalismo encontra a cultura local

Sinalização de trânsito

Monumentos no espaço público

Os espaços públicos de Chandigarh são organizados e bem cuidados. Essa foi a primeira cidade na Índia onde eu percebi que o trânsito realmente funciona. Perdi as esperanças depois de presenciar o caos dos congestionamentos de Nova Deli. Não que a cultura em Chandigarh seja outra, mas parece que todo o sistema orienta melhor as pessoas. Elas, por sua vez, se sentem mais inclinadas a obedecer às regras. Há muitas latas de lixo na rua, bicicletários, sinalizações – tais elementos parecem fazer com que as pessoas cuidem mais do espaço público.

Obviamente, há casos que fogem do projetado. O projeto está suscetível às ocupações e adaptações por parte da população. Exemplo curioso disso, em Chandigarh, são os pontos de ônibus da cidade, que foram utilizados para amarrar as vacas.

Um outro exemplo: no Capitol, sob o monumento da mão aberta, vi uns funcionários aproveitando o espaço livre para jogar uma partida de cricket durante o intervalo do almoço.

O modelo progressista de Le Corbusier terá ajudado os residentes de Chandigarh a viverem melhor? A escala da cidade certamente facilita a sua organização: Chandigarh é uma cidade 1 milhão de habitantes, pequena em comparação com Mumbai (12 milhões), Deli (11 milhões) ou Bangalore (8 milhões). Talvez o bom funcionamento se dê também graças à jovialidade da cidade, um otimismo impregnado desde a sua concepção. Seja como for, Chandigarh permanece um forte exemplo de como um bom projeto pode influenciar o comportamento das pessoas, mas que mesmo um bom projeto está sujeito a ocupações e apropriações inesperadas do espaço por parte dos seus usuários.

Singapura | a cidade dentro de um jardim

Cidade vista da cobertura do National Gallery Singapore

Singapura é uma cidade-estado na Ásia composta por 60 pequenas ilhas e com uma população de pouco mais de 5 milhões de habitantes. Singapura adquiriu sua independência em 1965 e é impressionante pensar o quanto o país se transformou em menos de um século. Desde a primeira metade do século XIX até 1942, Singapura permaneceu uma colônia inglesa. Durante a Segunda Guerra, Singapura foi ocupada pelos japoneses, o que deu início a uma época de opressão e escassez no país. Em 1945, os japoneses saíram e o país voltou ao domínio britânico até ser anexado à Malásia, entre 1963 e 1965.

Hoje, Singapura é reconhecida como o 4º maior centro financeiro do mundo. O país não tem recursos próprios: daí vem a necessidade de inovação. Singapura presta serviços numa escala global e também investe muito em turismo, recebendo anualmente 15 milhões de visitantes. Esse número se deve, em grande parte, ao turismo de negócios – através de eventos, conferências e congressos – e às atrações turísticas locais – museus, parques, restaurantes e arquitetura.

Chinatown

Pelas ruas de Chinatown

70% da população que habita em Singapura é de origem chinesa. Além da China e da Malásia, percebemos também uma forte influência da Índia. A presença destas culturas é tão notável que há uma organização destas comunidades por bairros, como ocorre com Little India e Chinatown. Em Chinatown, encontramos diferentes templos dedicados a religiões distintas, como o budismo e o hinduísmo.

Templo Buddhist Tooth    *Templo hindu no bairro de Chinatown*

Em Chinatown também encontramos as tradicionais *shophouses*, pequenas edificações com comércio no térreo e residência no pavimento superior. O bairro está situado ao lado do centro financeiro da cidade. É interessante observar como essas pequenas e delicadas construções ficam do lado de arranha-céus envidraçados. Do ponto de vista do patrimônio, isso poderia ser questionado, visto que o contraste entre as *shophouses* e os edifícios corporativos é realmente gritante. Por outro lado, como não há muito espaço em Singapura, a constante renovação urbana é importante para manter a economia em crescimento.

Em alinhamento a essa tendência de renovação urbana, Chinatown também está passando por um processo de adaptação. Restaurantes, pontos de comércio e escritórios estão sendo abertos no local, tornando o bairro um ponto de interesse, especialmente para a população mais jovem.

A cidade verde da Ásia

Pouco após a independência, a partir dos anos 1970, foi estabelecida uma política de áreas verdes na cidade, que permanece até hoje. Foram criados parques como o Jurong Bird Park (aberto em 1971), um parque para a preservação e observação de diferentes espécies de pássaros, e o zoológico de Singapura (aberto em 1973).

No início dos anos 90, foi lançado o *Revised Concept Plan for Singapore* (1991), um plano diretor para a cidade, que incluía um modelo chamado *Green and Blue Plan*. Este documento identificava as áreas livres e os cursos de água da cidade que poderiam ser interligados de modo a revitalizar e preservar a biodiversidade, criando uma espécie de corredor "verde e azul". Soluções de corredores verdes dentro de cidades atravessam diferentes bairros, proporcionando um acesso mais democrático ao parque, além de uma transição mais gradual em termos de paisagem. Sem contar que áreas verdes contínuas permitem a migração da fauna local, como pássaros e insetos.

Singapura vem trabalhando a sua imagem como uma cidade dentro de um jardim. Em 2011, foi eleita a cidade mais verde da Ásia, segundo o Asian Green City Index. Um dos empreendimentos mais recentes da cidade, que fala sobre a importância de uma política do meio ambiente, é o Gardens by the Bay.

Gardens by the Bay

Assinado pelo escritório britânico Grant Associates, o projeto para o Gardens by the Bay foi o resultado de um concurso realizado em 2006. Inaugurado em 2011, o complexo apresenta uma série de espaços focados na preservação e no ensino sobre o meio ambiente.

Gardens by the Bay

Entre as suas atrações, o parque inclui as maiores estufas do mundo – a Cloud Forest e a Flower Dome. A Cloud Forest recria o ambiente das florestas húmidas, típicas do clima equatorial, e conta inclusive com uma enorme cachoeira artificia. No final da exposição, há uma série de vídeos informativos sobre os efeitos da mudança climática e o aquecimento global no nosso planeta.

A Flower Dome é uma outra estufa que reúne flores de milhares de espécies diferentes. Do lado externo, além de jardins temáticos, há o Supertree Grove, jardins verticais sobre estruturas metálicas que se assemelham a árvores gigantescas.

O complexo fica do lado do hotel Marina Bay Sands, projeto icônico de Moshe Safdie. O projeto conta com três torres conectadas por uma cobertura única de 65 metros de comprimento.

Cachoeira dentro da estufa Cloud Forest

Flower Dome

Supertree Grove, no Gardens by the Bay

Singapura é uma cidade que soube incorporar as influências de diferentes culturas, tirar o melhor de cada uma delas e criar uma identidade própria. É um local onde percebemos um diálogo entre o patrimônio e ícones contemporâneos, onde a preservação de valores tradicionais de culturas milenares está em sintonia com a dinâmica de renovação urbana. Além disso, Singapura mostra como uma consciência ambiental e um clima equatorial podem estar alinhados a um sistema produtivo altamente eficaz e tecnológico.

Hotel Marina Bay Sands, de Moshe Safdie, um dos maiores hotéis do mundo.

Dubai – Arranha-céus no meio do deserto

Dubai é uma cidade e um dos sete emirados que compõem os Emirados Árabes Unidos, país localizado no Golfo Pérsico. Historicamente, o local já foi um ponto estratégico ao servir de porto para navegadores que vinham da Europa fazer negócio com a Pérsia e a Índia. Apesar disso, pouco se sabe da história da região, visto que há poucos registros de ocupação anteriores ao século XVIII.

Por anos, a exploração do petróleo foi a principal atividade econômica de Dubai, desde o descobrimento do óleo nos anos 1960. Tendo em mente a eventual escassez do recurso, foi traçada uma estratégia de investimento no turismo. Isso teve início nos anos 1980 e 1990 e parece ter dado certo. Em 2017, a cidade foi a sexta mais visitada no mundo, com mais de 15 milhões de turistas, ficando atrás apenas de Hong Kong, Bangkok, Londres, Paris e Singapura.

Essa guinada do turismo ocorreu em parte graças ao investimento em arquiteturas de espetáculo. Começaram a surgir inúmeros projetos de *starchitects* como Zaha Hadid e Skidmore Owen Merril (SOM), com obras faraônicas que desafiam o contexto geográfico e a força da natureza. Entre alguns exemplos estão o arranha céu Burj Khalifa, atualmente a maior torre do mundo, com 828 metros de altura; arquipélagos inteiros, como o Palm Jumeirah e o mapa do mundo *The World*; *The Frame*, uma moldura gigantesca em Zabeel Park que enquadra a cidade ao fundo; e até uma pista de ski de 400 metros no meio do deserto, onde a temperatura é sempre –4ºC.

Parece muito? Não para por aí. Como parte de uma estratégia de tornar Dubai uma referência em impressão 3d, estima-se que até 2025, cerca de um quarto dos prédios serão construídos utilizando impressão 3d. Recomendo a visita ao site https://www.archdaily.com/900933/dubai-plans-for-one-quarter-of-buildings-to-be-3d-printed-by-2025.

Além disso, Dubai pretende quebrar o seu próprio recorde construindo a nova torre mais alta do mundo, a *Dubai Creek Tower*, um projeto de Santiago Calatrava previsto para ser concluído em 2021. Sem contar que, em 2020, Dubai sediará a próxima Expo Internacional e espera receber 20 milhões de turistas.

A seguir, um resumo das principais obras que vale a pena visitar na cidade:

Burj Khalifa

A torre mais alta do mundo é um projeto de Skidmore Owen Merril e fica no centro de Dubai. Na sua base, há um grande shopping center – o *Dubai Mall* –, através do qual se pode acessar o elevador que sobe até o 148º andar, de onde temos uma vista panorâmica da cidade.

Além do shopping, a torre inclui também o hotel Armani, apartamentos residenciais e salas comerciais. Parte do edifício está desocupada, principalmente os pavimentos superiores, que tremem muito com o vento – dependendo da sua velocidade, os pavimentos que mais balançam chegam a deslocar quase um metro do eixo do arranha-céu.

Dubai Frame

Inaugurado em janeiro de 2018, esse é o maior "porta-retrato" do mundo. Podemos perceber que Dubai é o lugar dos superlativos. O monumento fica entre a parte antiga e a mais nova da cidade, emoldurando, portanto, simultaneamente o presente e o passado. A estrutura de 150 metros de altura é inteiramente revestida em ouro. O desenho geométrico que cobre as janelas utiliza a logo da Expo 2020, cujo tema será *connecting minds* (conectando mentes).

Nas duas laterais da moldura estão os elevadores que acessam o topo, de onde temos mais uma vista panorâmica da cidade. Nessa ponte entre os elevadores há um caminho onde parte do piso é de vidro. Esse vidro recebe projeções e se torna transparente no momento em que a pessoa caminha sobre ele. Apesar de toda a segurança do complexo, só consegue atravessar quem não tem medo (algum) de altura.

Al Fahidi

Engana-se quem pensa Dubai só tem modernidade. O centro histórico da cidade preserva algumas construções típicas dos beduínos, tribos árabes que viviam no deserto. O bairro histórico de Al Fahidi fica ao longo do riacho Khor Dubai (ou *Dubai Creek)*, e em 2018 foi feito o pedido para entrar na lista de sítios preservados da Unesco.

Nessa região, as casas datam do final do século XIX e início do século XX. Algumas tiveram os seus usos convertidos e hoje funcionam como galerias de arte, lojinhas ou departamentos administrativos públicos. É uma região que soube explorar com leveza o contraste entre o patrimônio e o contemporâneo.

Em resumo...

Dubai se tornou uma das principais conexões quando se viaja do ocidente para a Ásia. A criação da companhia aérea Emirates contribuiu para esse aumento de fluxo de passageiros. Muitas pessoas que não têm Dubai como um destino final, mas acabam passando pelo seu aeroporto, aproveitam para tirar uns dias para visitar a cidade. A sua ampla variedade de atrações é convidativa e, por mais que as suas construções sejam megalomaníacas, elas também são fascinantes.

A escala humana de Melbourne | Austrália

Meu interesse em conhecer Melbourne surgiu a partir do documentário *A escala humana* (*The human scale*), que acompanha os projetos urbanísticos do arquiteto dinamarquês Jan Gehl. Ele defende que os centros urbanos devem voltar a ser projetados para as pessoas, uma vez que, nos últimos 50 anos, eles têm sido desenhados em torno do automóvel. Um dos estudos apresentados que mais chamou a minha atenção foi a sua intervenção no centro de Melbourne, na Austrália.

Fundada em 1835, Melbourne é a segunda maior cidade australiana. Seu planejamento urbanístico seguiu o mesmo modelo de Sydney, que, por sua vez é profundamente influenciado por Londres e Los Angeles. Trata-se de um crescimento urbano essencialmente horizontal, desdobrando-se em subúrbios cada vez mais afastados do centro. A vida suburbana tornou-se referência de um estilo de vida saudável, confortável e seguro, que, porém, recentemente, vem se mostrando insustentável. Essas áreas afastadas do Centro são pouco atendidas pela rede de transporte público e, com isso, muitos acabam recorrendo ao transporte individual – o que, além de aumentar o trânsito drasticamente, também eleva os níveis de poluição. No caso de Melbourne, esse êxodo para os subúrbios também acarretou em um esvaziamento do Centro; a região tornava-se deserta depois do horário comercial. O governo então contratou o escritório de Gehl com o intuito de "trazer as pessoas de volta ao Centro".

Gehl argumenta que, para isso, o Centro precisaria tornar-se mais convidativo às pessoas – os seus espaços deveriam ser concebidos para os cidadãos. Após um período de observação e estudo sobre o local, a equipe do Gehl Architects chegou a uma interessante conclusão. Eles detectaram a existência becos, subutilizados entre as edificações, que ficavam entre as fachadas dos fundos ou laterais dos edifícios. Eram fachadas com pouco ou nenhum tratamento, por onde saíam as máquinas de ar condicionados e demais dutos de instalações. O nível térreo era ocupado por *containers* de lixo. Apesar de serem espaços escuros e mal ventilados, esses becos possuíam a dimensão ideal para a circulação de pessoas. Foi criada então uma rede de percursos por todo o bairro que atravessa ruas e quadras, ligando os becos entre si. Com a revitalização desses ambientes, os pavimentos térreos dos edifícios circundantes foram gradualmente se transformando para adequar-se a esse novo fluxo de pessoas pelo local. Lojas, restaurantes e demais serviços começaram a margear esses caminhos, trazendo vida ao passeio.

Exemplo de becos anteriormente subutilizados, hoje revitalizados.

A escala humana de Melbourne 143

Esse projeto, intitulado "Places for People", foi introduzido na cidade em 1994 e voltou a ser atualizado dez anos depois. Eu visitei a cidade em janeiro de 2014, 20 anos após a intervenção original. O que pude verificar é uma região completamente assimilada pela cidade e por sua população.

Becos se tornaram atraentes ao fluxo e convivência das pessoas, com cafés e restaurantes ao ar livre.

As vias seguem paralelamente umas às outras, atravessam quadras inteiras e por vezes se bifurcam em galerias diferentes. Suas transições são tão integradas que, por vezes, saímos de um ambiente interno para um externo sem perceber. Os estabelecimentos comerciais são pequenos e voltados para a rua, o que faz com que grande parte do movimento de compra, consumo e exposição aconteça na própria rua. Além de comércio, encontramos diversas manifestações artísticas, como apresentação de músicos, painéis de graffiti e projeções de mídia em empenas cegas após o anoitecer. Essa variedade de ambientes e atividades que verificamos aqui potencializa o encontro e o fluxo de pessoas. A rua adquire um caráter dinâmico e cheio de vida.

O mobiliário urbano convida as pessoas para o descanso. Atenção para a linha do bonde elétrico, no canto direito da foto – há uma ampla integração entre o fluxo das pessoas e o transporte público. Todo o deslocamento acontece no mesmo nível.

Sistema de bicicletas coletivas – Melbourne adota a escala das pessoas.

A escala humana de Melbourne

Melbourne é um exemplo de como uma cidade pode ser readaptada para melhor se adequar à escala das pessoas. Encontramos aqui belos edifícios, mas, ao meu ver, a grande beleza de Melbourne está na altura dos olhos, no nível térreo, na vida que se faz presente nos seus restaurantes descolados, nas vitrines das lojas, nas intervenções artísticas e, principalmente, nas pessoas. Enquanto em Sydney tudo é espetacular e deslumbrante, o charme discreto de Melbourne está no percorrer de suas ruas.

Atenas – A Acrópole e o museu de Bernard Tschumi | Grécia

Passamos apenas um dia na capital grega mas deu para ver bastante coisa. Apesar da grande quantidade de sítios históricos, a maioria destes está agrupada no entorno da Acrópole, então dá pra ir andando de um ponto para o outro. Foi cansativo (andamos aproximadamente 7 quilômetros) mas muito proveitoso. Aqui apresento um destaque de o que visitar em Atenas.

Acrópole de Atenas

Para essa visita, recomendo chegar cedo. O sítio arqueológico abre às 8 horas e, às 8 em ponto, nós já estávamos na fila da bilheteria. Já tinha bastante gente mas, quanto mais tarde se chega, mais lotado fica. Outro motivo para chegar cedo é o calor. Quase não há sombra na Acrópole, então vale ir cedo por ser um pouco mais fresco. Nos meses de verão (principalmente julho e agosto), a temperatura chega a ficar tão alta que a Acrópole fecha durante o dia.

A Acrópole tem mais de um acesso, em lados opostos do morro. Na subida, avistamos algumas ruínas de construções, como anfiteatros. Já as principais construções estão no topo do morro. Entre esses os templos de Athena Nike, o Erecteion e o mais impressionante deles – o Parthenon.

O que visitar em Atenas: Anfiteatro na encosta da Acrópole.

A perfeição do Parthenon

Construído entre os anos 447-438 a.C., em homenagem à deusa Athena Parthanos (Virgem Athena), o Parthenon é um grande ícone clássico da arquitetura. Construído inteiramente em mármore branco, este exemplar da ordem dórica de planta retangular inclui colunas nas suas quatro fachadas – oito colunas nas fachadas leste e oeste e 17 nas fachadas norte e sul. Há ainda uma segunda colunata interna, somente nas fachadas leste e oeste, com seis colunas cada, gerando uma espécie de vestíbulo nas entradas do templo.

Além de seguir a proporção áurea, a perfeição do Parthenon está nos detalhes do seu desenho: para contrapor uma distorção natural, uma ilusão de ótica criada pela visão humana, a distância entre as colunas não é sempre a mesma: a seção das colunas é mais larga no meio e mais fina próximo ao topo, e as colunas também são levemente inclinadas para dentro. Seguindo esta mesma lógica, as colunas das esquinas são levemente mais grossas que as demais, para não parecerem mais finas que as outras quando avistadas de um ângulo com o céu ao fundo.

A Acrópole e o museu de Bernard Tschumi | Grécia

O Parthenon foi transformado em igreja no século 5 d.C. e depois, com a ocupação dos turcos, em uma mesquita no século XV. A construção original sofreu consecutivas destruições (pelos turcos e pelos venezianos) e, portanto, o que está aberto hoje à visitação é o resultado de uma reconstrução fiel. No século 19, grande parte dos ornamentos encontrados nas escavações foram cedidos a museus internacionais, como o Louvre, em Paris, e o British Museum, em Londres.

Erecteion

Ao lado do Parthenon, encontramos o Erecteion, também construído em homenagem à Athena e ao deus Poseidon. Na fachada norte, as

Erecteion, em Acrópole

As cariátides

Ordem jônica no Erecteion

famosas cariátides, colunas que assumem a forma de mulher. Este templo, construído entre os anos 421 e 406 a.C., pertence à ordem jônica, o que pode ser notado pelo ornamento curvo no capitel.

A Ágora de Atenas

A Ágora (termo grego que significa "local de reunião") era um grande espaço aberto, como uma praça, que funcionava como o centro cívico da cidade. Situada na cidade baixa, nas proximidades da acrópole, a Ágora, também reconhecida como o mercado central, servia de palco para os principais encontros, debates políticos e discussões filosóficas da época. Sua importância era tamanha que foi reconhecida como um espaço fundamental para a configuração da democracia.

A composição da Ágora de Atenas foi se alterando ao longo dos séculos, em função das diferentes ocupações e trocas de regimes. O local, porém, sempre reuniu importantes edifícios com funções públicas. Entre esses estava a Stoá de Átalo (as stoás, ou pórticos, eram originalmente construídos para servir de abrigo contra o sol e a chuva). Apesar de ser um espaço semiaberto, com uma colunata na lateral para o centro da ágora, a Stoá incluía também núcleos fechados, o que conferia privacidade aos seus ocupantes. Isso contribuiu para que a Stoá de Átalo se transformasse em um núcleo de discussões, tanto para assuntos públicos quanto para particulares. As stoás também permitiam a instalação de lojas improvisadas. Com essa diversidade de usos, é válido considerar a Stoá como um ponto hierárquico na Ágora.

Templo de Hefesto

Hoje em dia, não sobrou muito das construções originais. Além da Stoá, há ainda o Templo de Hefesto, ou Theseion, um local de adoração e ofertas.

O novo museu da Acrópole, de Bernard Tschumi

Ainda nesta região, há o novo museu da Acrópole, inaugurado em 2009. O projeto leva a assinatura do arquiteto suíço Bernard Tschumi, vencedor do concurso promovido no ano de 2001. Neste museu estão reunidos centenas de objetos encontrados em escavações. A entrada é demarcada por uma grande marquise, que protege os visitantes e permite a visualização de escavações no subsolo. Ao entrar, o enorme saguão assume a forma de uma rampa, por onde se desenvolve o percurso expositivo de forma fluída e contínua. Além do espaço da exposição, o museu inclui também auditório, restaurante, loja e um centro de pesquisa arqueológica – onde arqueólogos ficam à disposição dos visitantes para tirar dúvidas. No último andar, há uma sala de exposição com uma vista 360° onde desfrutamos de uma das melhores vistas da Acrópole e do restante da cidade. Este último andar tem a sua planta rotacionada, para que a sua fachada fique paralela à implantação da Acrópole.

O projeto é deslumbrante. O fato de encontrarmos peças expostas não apenas nas paredes, mas também nas outras superfícies, como o piso e o teto, chamou minha atenção. O próprio subsolo do museu inclui vestígios de construções históricas que podem ser avistadas do térreo, graças ao piso de vidro. De fato, para preservar a entrada de luz natural e a continuidade visual entre pavimentos, o piso de vidro é um recurso recorrente no projeto.

Descobertas arqueológicas protegidas pela marquise da entrada

Quando o visitamos, o museu estava passando por uma reforma, para que as descobertas do subsolo sejam eventualmente abertas também ao público. Por enquanto, só podemos avistar através dos vidros ou vãos do piso do térreo.

Fachada lateral do museu

Com um museu tão moderno e um centro de pesquisa com uma tecnologia tão avançada, volta a pergunta sobre a posse dos objetos da Acrópole, hoje espalhados por diferentes museus do mundo. O British Museum em Londres, em especial, reúne muitas peças de mármore tiradas do Parthenon. Na exposição, encontramos painéis com a indicação de que as peças que deveriam ali estar estão, na verdade, em Londres: "essa peça se encontra no British Museum". A repatriação do patrimônio é uma discussão constante na Grécia. Em Milos, há uma campanha para o retorno da Vênus de Milo, atualmente em exposição no Louvre, em Paris. Igualmente, o Egito tem tentado repatriar a *Rosetta Stone*, que também se encontra no British Museum.

Restaurantes

No centro histórico, ao redor da ágora, há uma série de ruelas com opções simpáticas de bares e restaurantes. Dos que fomos e recomendamos: o Feedel e o Bar Borsalino. Para quem quiser algo mais elaborado, o hytra é excelente!

Delfos e Meteora | Grécia

Delfos

Saímos de Atenas com uma excursão em grupo para Delfos e Meteora, com duração de dois dias. A viagem até Meteora é longa – são mais de 4 horas de estrada – então vale a pena pernoitar. Na ida, passamos por Delfos localizado na encosta do Monte Parnaso, declarado como patrimônio mundial da Unesco em 1987.

Exemplar de arquitetura clássica em sítio arqueológico de Delfos

Na Grécia, mitologia e história se misturam. De acordo com a lenda, Zeus soltou duas águias e, no ponto em que os voos delas se cruzaram, foi encontrado o centro da terra (Gaia): neste local, foi estabelecido Delfos. Considerado um lugar sacro, Delfos passou a ser um destino de peregrinação, onde eram feitas oferendas aos deuses e consultas aos oráculos (*pytho* ou *pythia*), a partir do século 7 a.C.

Ruínas de arquitetura clássica

A maior parte das construções no local datam do século 6 a.C. O atual sitio arqueológico inclui um templo para Apolo (cujas ruínas datam de 4BC), uma ágora (uma espécie de praça), um teatro e uma pista de competição. Foram encontrados também vestígios de tesouros que eram deixados em pequenos templos, em nome de cidades especificas. O mais preservado desses é o templo do tesouro de Atenas. Do que podemos ver na foto, as pedras claras não são originais, mas sim resultantes de restauração.

Neste pequeno templo de Atenas podemos observar o estilo da ordem dórica da arquitetura clássica – colunas de seção redonda, o capitel com seção quadrada. As colunas sustentam o pórtico, composto por arquitrave, frontão, métopas (segmento em que aparecem as imagens decorativas e esculturas em relevo) e os tríglifos (peças com linhas verticais). De acordo com o teórico John Summerson, muitos desses templos eram réplicas em pedra de templos feitos anteriormente em madeira. Ou seja, os tríglifos na verdade imitavam a seção das vigas de madeira das construções originais.

Arquitetura Clássica – Templo de Atenas em Delfos

Além do sítio arqueológico, o local conta com um museu que reúne objetos descobertos nas escavações, como objetos de bronze e ouro. A mais importante dessas é a estátua de bronze L'aurige.

Arquitetura Religiosa em Meteora

Meteora é uma região no norte da Grécia que reúne monastérios ortodoxos e exemplares de arquitetura religiosa no topo de colinas. Hoje permanecem apenas seis dos 22 monastérios originais. A localização isolada garantiu proteção a esses monastérios contra a ocupação turca, que ocorreu no final do século XIV.

Arquitetura Religiosa – Templos suspensos de Meteora

Arquitetura Religiosa – Templos suspensos de Meteora

A formação geológica da região é composta por rochas sedimentares, como o arenito, um tipo de pedra encontrada no fundo e na margem de rios. Essa composição sustenta uma teoria de que toda a região fora antigamente submersa.

Os acessos a esses monastérios eram feitos de formas variadas – alguns eram acessados por escada, outros por teleféricos e alguns somente por escalada.

Templo Suspenso em Meteora

Nem todos os monastérios são abertos à visitação. Os que são abertos não permitem fotografar dentro das suas capelas. As capelas no interior são inteiramente cobertas por pinturas com cenas bíblicas. Pequenas frestas para as janelas sugerem que a estrutura é composta de paredes autoportantes. Visto que a preocupação era com a proteção destes monastérios, as construções são viradas para dentro e geralmente contam com um pátio interno. Devido à altura, muitos destes mosteiros desfrutam de uma bela vista panorâmica.

Viagem a Santorini | Grécia

As construções brancas são características das Cíclades

A Grécia é bem conhecida por suas centenas de ilhas paradisíacas. Estas são subdivididas em grupos: as ilhas Sarônicas, as Esporádes Setentrionais, as ilhas Jônicas, Dodecaneso e as Cíclades, das quais Santorini faz parte. Este foi um dos lugares mais deslumbrantes que visitei nessa viagem: absolutamente imperdível se você estiver de passagem por esses lados.

Santorini, como a conhecemos, foi assim batizada pelos venezianos em homenagem a Santa Irene, embora os gregos a conheçam como Thira. A ilha grega é na realidade um dos vulcões mais ativos do arco egeu. O seu formato de meia lua com um vazio no meio é resultado de uma erupção que ocorreu há aproximadamente 3500 anos e que, na época, devastou a civilização que lá habitava. Desde então, novas camadas vulcânicas foram se formando e eventualmente a caldeira ressurgiu no centro do vazio. O vulcão permanece ativo e pode ser visitado. Uma boa dica de o que fazer em Santorini é participar de uma caminhada ao redor da caldeira.

Construções brancas na encosta compõem a paisagem

A costa da ilha voltada para a caldeira é composta por um grande penhasco. As ocupações nesse lado da ilha grega são incrustadas na pedra, escavando a superfície e se adaptando à topografia acidentada. Cidades como Oia, Fira e Imerovigli apresentam construções que são verdadeiros túneis. Pelas ruas, muitos caminhos são estreitos e não permitem a passagem de carros. Isso traz um charme especial para o passeio.

Para os que gostam de caminhadas e estiverem em dúvida sobre o que fazer em Santorini, eu particularmente recomendo o passeio entre Fira e Oia. São aproximadamente 10 km com subidas e descidas, porém é de onde se tem as melhores vistas da ilha. Ao anoitecer, a frente rochosa da ilha torna-se azul, fundindo-se visualmente com o céu e o mar à volta. O que sobressai são as construções brancas, características da arquitetura grega, nos topos das colinas.

Santorini é bem conhecida pelas suas brancas construções. Essa característica predomina em outras ilhas da Cíclades, como Milos e Mykonos, por exemplo. Outra característica marcante é a presença do arco e de cúpulas. O estilo arredondado é preservado até mesmo no corrimão das escadas.

Sítios arqueológicos da ilha grega

Santorini conta com dois sítios arqueológicos que reúnem exemplares históricos de ocupação que datam de até 3000 a.C. O mais impactante destes é o Akrotiri, localizado no sul da ilha. Encontramos vestígios de uma cidade inteira, com prédios públicos, residências de nobreza e até mesmo sistemas de esgoto e vias públicas altamente desenvolvidos. Essa cidade foi completamente arrasada por 2 terremotos e posteriormente pela erupção do vulcão que mencionei acima. Nessas escavações foram encontrados também objetos, como vasos e painéis decorativos.

Além das ruínas, fui positivamente surpreendida pela arquitetura do prédio que protege as escavações, um projeto do arquiteto grego Nikos Fintikakis. Um edifício cuja estrutura é sustentada por pilares robustos, com proteção antisísmica na base, cuidadosamente espaçados para não interferirem nas descobertas. A cobertura inclui todo um sistema de aberturas que proporciona entrada de iluminação e ventilação natural, mas que ao mesmo tempo protege das intempéries, com calhas, e da radiação solar, com vidros especiais. Toda essa estrutura é revestida por ripas de madeira, cuja tonalidade harmoniza bem com o tom da pedra das escavações, além de uniformizar o teto, para que justamente as escavações permaneçam o centro das atenções. Se toda a estrutura do teto fosse aparente, haveria muita informação, o que entraria em conflito com as descobertas arqueológicas do sítio em exposição. Passarelas de estrutura metálica e piso de madeira permitem um percurso entre as escavações para observá-las de perto.

O Akrotiri fica perto da belíssima praia vermelha, onde o banho é proibido devido ao perigo de deslizamento de pedras dos morros. Toda a ilha tem esse risco por conta da sua composição geológica.

O outro sítio arqueológico importante é o de Thera, localizado em um dos pontos mais altos da ilha. Assim como os templos já falados de Meteora, construídos no topo dos morros por motivos de segurança, essa localização remota garantia proteção à ocupação. Assim como em Delfos, o complexo reunia equipamentos um anfiteatro, templos e residências. O mais incrível foi encontrar vestígios de decoração esculpidas nas pedras.

Vinícolas

Além da indústria do turismo, uma importante atividade econômica para a ilha é a produção de vinhos. Sua produção tem se destacado internacionalmente, principalmente pela qualidade dos vinhos brancos, ideais para o clima quente. Uma curiosidade aqui é que, como o clima é extremamente seco e a ilha sofre de escassez de água, as vinhas não ficam expostas – elas são enterradas. Com isso, exigem pouca ou nenhuma irrigação e tiram proveito da umidade natural do solo. Aos enólogos, uma boa dica em Santorini é programar um roteiro de vinícolas.

Tive a oportunidade de visitar algumas vinícolas que oferecem sessões de degustação. Ressalto a Santo Winery e a Venetsanos como as vinícolas com as vistas mais deslumbrantes, já que estão localizadas na parte da ilha virada para a caldeira. Outras vinícolas interessantes são as Boutari, Estate Agyros e Hatzidakis.

Santo Winery

Vinho e Arquitetura na Serra Gaúcha

Visitei a Serra Gaúcha em fevereiro de 2017. Embora a alta temporada na região seja durante o inverno – o tempo ideal para beber vinho tinto e tomar chocolate quente –, o verão também é ótimo para se refrescar com os premiados espumantes locais e para ver as vinhas com frutos, já que a época da colheita por lá acontece entre os meses de janeiro e março.

A serra gaúcha reúne o polo de vinhos mais antigo do país. Estabelecido nos anos 70, o polo conta com mais de 600 vinícolas e cooperativas. Em Bento Gonçalves, as vinícolas estão distribuídas ao redor do município, pelo Vale dos Vinhedos, em Caminho das Pedras, Garibaldi e Pinto Bandeira.

Arquitetura das vinícolas

O sul do brasil recebeu muitos imigrantes de origem alemã e italiana, principalmente entre os séculos 19 e 20. Por isso, a arquitetura local possui uma forte influência europeia. Muitas vinícolas que visitamos apresentam uma arquitetura com referências italianas, como as aberturas com arcos, o uso do tijolo aparente e o predomínio da tonalidade terracota nas fachadas. Muitas delas com heras sobre os muros, como é o caso da vinícola Casa Fontanari, em Caminho das Pedras.

Na vinícola Alma Única, no Vale dos Vinhedos, o acesso é emoldurado por duas fileiras de árvores, uma em cada lado da via. Essa solução confere monumentalidade ao

Casa Fontanari Vinícola

conjunto. A simetria prevalece também na arquitetura do edifício, onde, além de degustar os bons vinhos, é possível fazer um tour pelas caves.

As caves das vinícolas, onde são armazenadas as garrafas em processo de fermentação, geralmente se encontram no subsolo. A falta de luminosidade e a proximidade com a umidade do solo deixam o ambiente mais fresco, ideal para a maturação dos vinhos.

O espumante requer processo um pouco diferente do vinho, que inclui a etapa do *degorgement*, ou seja, o congelamento do bico das garrafas para a remoção da levedura acumulada durante o processo de maturação. Antigamente, quando não era possível refrigerar com gelo industrial, cabia à arquitetura fazer o papel de congelador. No caso da Peterlongo, uma das primeiras vinícolas da região, que fica no município de Garibaldi, foi construído um túnel subterrâneo que concentrava o vento frio e congelava as garrafas durante a noite gelada. Na madrugada seguinte, as tampas das garrafas eram prontamente retiradas.

Na base das edificações – o soco do edifício – é comum o emprego de pedra, material mais resistente à ação da água e à umidade do solo. Na parte superior da fachada, comumente encontramos o uso da madeira. Alguns exemplos dessa solução surgem no tradicional restaurante Casa Vanni e na vinícola Casa Barcarola.

Mas além destes exemplares mais tradicionais, também encontramos em Bento Gonçalves algumas vinícolas que trazem um casamento entre o antigo e o contemporâneo. Esse é o caso da vinícola Milantino, que aproveitou parte da estrutura existente do local para as caves e criou um projeto novo, de formas puras, cobertura plana e concreto aparente para o espaço de degustação. O projeto promove o encontro de materiais rústicos, como o tijolo e a madeira de antigos barris, com materiais mais modernos, como o aço e vidro.

Casa Vanni e Vinícola Barcarola

Gramado

Em Gramado, a influência europeia permanece também na arquitetura cívica – casas, hotéis, restaurantes, cinemas, igrejas. Observamos no centro da cidade um grande esforço para a preservação desta ambiência e tradição. Mesmo os novos empreendimentos respeitam uma tipologia histórica e a cultura da construção Enxaimel, ou Fachwerk. Essa técnica de origem alemã se caracteriza pelo encaixe de paredes montadas com hastes e tirantes de madeira, preenchidos por pedras ou tijolos. Os telhados são geralmente inclinados, como os chalés, para não deixar acumular neve na cobertura. Aqui também é comum o uso da pedra na base dos edifícios, para proteger a madeira da umidade do solo.

O rigor na preservação dos edifícios antigos e as regras impostas às novas construções contribuem para a harmonia da paisagem urbana. Fica evidente o respeito com o passado, pois não há grande contraste entre os prédios novos e os antigos.

*Prédios novos mantêm o mesmo estilo
da arquitetura tradicional da cidade*

Você pode se perguntar: como que a cidade consegue preservar as suas características ao longo do tempo? Isso é essencialmente determinado pelo plano diretor, que estabelece diretrizes a ser seguidas pelos novos empreendimentos da cidade. Segue aqui um trecho da lei que reflete essa preocupação com o patrimônio:

"CARACTERÍSTICAS ARQUITETÔNICAS PREDOMINANTES Art. 96. O Município, em todas as zonas de uso, exercerá o direito de exigir que as construções tenham as "características arquitetônicas predominantes" da cidade, buscando cumprir as diretrizes previstas no presente plano. §1o O Município, através de suas secretarias competentes, com auxílio de historiadores, associação de profissionais da construção civil, conselho de desenvolvimento rural e outros afins, fará um estudo técnico para definir quais são as características que devem ser mantidas, devendo ser observados os aspectos relacionados à colonização da cidade (arquitetura, cultura, costumes, tradições, floreiras, ajardinamento, etc.), bem como as demais normas do presente plano em relação às construções."

– Lei 3296/2014 – Plano Diretor de Gramado

Essa preocupação com a imagem da cidade contribui para a elaboração de uma identidade urbana, fundamental na idealização de um *city branding*.

Gramado e a construção de uma identidade urbana

O termo inglês *branding* se refere à gestão e construção de uma marca. *City Branding*, portanto, seria este conceito aplicado a uma cidade. Alguns artifícios empregados para o desenvolvimento do *city branding* incluem campanhas, slogans e logomarcas, além de um projeto de planejamento urbano.

Embora a construção e divulgação destes conceitos seja importante, essas campanhas geram maior resultado quando atreladas a uma transformação real e duradoura, como através do *place-making* – uma técnica que combina arquitetura, desenho e planejamento urbano. Como diz o nome, *place-making* busca transformar meros espaços em lugares, através da revitalização dos espaços livres públicos existentes, seja pela troca do mobiliário urbano, pela criação de ciclovias, ou mesmo pela redução da velocidade do trânsito.

Além de apostar na identidade associada ao estilo de suas construções, Gramado também traz vários espaços públicos que se adequam às necessidades do pedestre. Um destes exemplos é a rua coberta, repleta de mesinhas de cafés e restaurante. A cobertura permite uma circulação e socialização até em dias de chuva, sem contar que protege do vento em dias frios.

No centro da cidade, a velocidade de circulação dos automóveis é reduzida – 40km –, o que torna mais pacífica a convivência entre veículos e pedestres. Com a baixa velocidade, os motoristas ficam mais propensos a parar nas faixas de travessia elevadas. Essas faixas também são mais agradáveis ao passeio, já que reduzem a velocidade do carro e não obrigam o pedestre a descer um desnível quando atravessa a rua.

Outro fator fundamental para o sucesso do *city branding* é a cooperação entre o órgão gestor e a população. O *branding* da cidade deve contribuir para a autoestima de seus residentes, fazer com que eles sintam orgulho da sua cidade. Nem todas as cidades tem vocação para serem globais e cosmopolitas. A questão é encontrar e explorar o seu público alvo. Explorar o potencial urbano para que este se torne um lugar que as pessoas queiram visitar ou mesmo onde queiram morar.

O êxito de Gramado talvez se deva ao fato de a cidade ter investido em diferentes focos de interesse – gastronômico, cultural, arquitetônico, turístico, natural – o que garante a presença de turistas quase ao longo do ano todo. Mas uma das características que contribui para o seu sucesso é exatamente o fato de não ser muito grande – 35 mil habitantes. Quanto maior a cidade, mais difícil pode ser designar uma única imagem, uma identidade concisa que abranja o todo.

Que este livro dure até antes do fim do mundo
Impresso em agosto de 2019